Tim Schwenke

Depressionen – na und?

Für ein gutes Leben

Copyright: © 2017: Tim Schwenke
Lektorat: Erik Kinting – www.buchlektorat.net
Umschlag & Satz: Erik Kinting
Titelfoto: © Dirima (fotolia.com)

Verlag: tredition GmbH, Hamburg

Bibliografische Information der Deutschen Nationalbibliothek:
Die Deutsche Nationalbibliothek verzeichnet diese Publikation in der Deutschen Nationalbibliografie; detaillierte bibliografische Daten sind im Internet über http://dnb.d-nb.de abrufbar

Inhaltsverzeichnis

Einleitung

Ich führte ein sehr gutes Leben – von außen betrachtet: Ich war 38 Jahre alt, verheiratet, drei Kinder, ein großes Haus, Autos, Urlaube, ein Ferienhaus, Sport, Freunde ... Ich war ein erfolgreicher Unternehmer und Investor. Das war im Jahr 2009.

Im Inneren hatte ich teils unbewusste, teils verdrängte Schwierigkeiten im persönlichen Empfinden und Erleben. Als der ganze mühsam erarbeitete Erfolg diese Schwierigkeiten nicht beseitigen konnte, bin ich langsam zusammengebrochen: Die Depressionen trafen mich erst schleichend und dann wie ein Vorschlaghammer. Schwere Depressionen. – Schwere wiederkehrende Depressionen, wie sich herausstellte. Eine Hölle; meine ganz persönliche Hölle.

Mit den geeigneten Therapien und viel Durchhaltevermögen bin ich dieser Hölle wieder entstiegen und führe heute ein, wenn auch verändertes, so doch gutes Leben. Dieses Buch habe ich geschrieben, um Depressive und ihnen nahestehende Menschen bei der zügigen Rückkehr in ein gutes Leben zu unterstützen.

Das nachfolgende Wissen zum Thema Depressionen habe ich mir auf verschiedenste Arten angeeignet: Literaturstudium, qualvolles persönliches Erleben, intensive Gespräche mit Psychotherapeuten, Psychiatern und Patienten, mehrfacher Aufenthalt in einer psychosomatischen Klinik, Internetrecherche und der persönlichen Anwendung der Mehrzahl der in diesem Buch beschriebenen Therapien ... Dieses Buch soll den einfachsten und pragmatischsten Zugang zum Thema *Depressionen* bieten und die mühsame Informationssuche bei Ärzten, in Büchern oder im Internet ersparen bzw. deutlich verkürzen.

Dieses Buch informiert Sie über alles Wesentliche zum Thema *Depressionen* in einem kompakten, leicht verständlichen und gut zu lesenden Format. Sie erfahren, wie sich Depressionen heilen oder soweit lindern lassen, dass an Depression Erkrankte ein gutes Leben führen können.

Die Informationen umfassen relevantes wissenschaftliches Fachwissen und ein breites Spektrum an nachgewiesenermaßen erfolgreichen Therapien mit einer Vielzahl von Quellenangaben. Darüber hinaus vermittelt das Buch Einschätzungen von Betroffenen sowie meine persönlichen Erfahrungen aus mehr als acht Jahren mit schweren wiederkehrenden Depressionen.

Dieses Buch fokussiert auf sogenannte *unipolare Depressionen,* die ca. 95 Prozent aller Depressionen ausmachen. Es handelt sich dabei um Depressionen, bei denen die außergewöhnliche Stimmungslage im negativen Bereich liegt.

Das Buch ist so geschrieben, dass Sie alles schnell finden können. Das detaillierte Inhaltsverzeichnis und das Begriffsverzeichnis führen Sie direkt zu den für Sie relevanten Textpassagen.

Das Buch ist in fünf Themenbereiche eingeteilt:
- Was sind Depressionen?
- Diagnose und Selbsttest
- Wie heilt man Depressionen?
- Wer heilt Depressionen?
- Wie lebt man mit bewältigten Depressionen?

Wenn Sie oder ein Mensch aus Ihrem Umfeld an Depressionen leiden oder dies zu vermuten ist, können Sie mit diesem Buch zügig Wissen aufbauen, um sich selbst zu helfen oder anderen Hilfe zu leisten und sich kundig für weitere Hilfe an Fachleute zu wenden.

Ich wünsche Ihnen und Ihren Lieben von Herzen ein gutes Leben und viel Lebensqualität!

Ihr

Tim Schwenke

Was sind Depressionen?

In diesem Kapitel erfahren Sie, was Depressionen sind, wie sich Depressionen anfühlen und wer an Depressionen erkrankt. Sie erhalten Informationen über die Heilungschancen sowie die körperlichen Grundlagen und Ursachen von Depressionen. Die unterschiedlichen Schweregrade sowie die Sonderformen der Depression werden ebenfalls erläutert.

Depressionen sind ganz normale Krankheiten, die jeden ereilen können. Sie haben eine körperliche Komponente und sind erfreulicherweise heilbar. Depressionen sind offiziell anerkannte und erfasste Krankheiten, die Fachleute klar diagnostizieren können. Es sind Erkrankungen der menschlichen Stimmungsregulation im Gehirn.
Depressionen verursachen hauptsächlich anhaltende Niedergeschlagenheit sowie anhaltenden Antriebs- und Interessenverlust. Darüber hinaus gibt es eine Vielzahl weiterer Symptome, die im weiteren Verlauf des Buches erläutert werden.

Wer erkrankt an Depressionen?

Depressionen sind eine Volkskrankheit. Mehr als fünf Millionen Deutsche erkranken jährlich daran.[1] 20 – 40 Prozent aller Deutschen erkranken mindestens einmal im Leben an Depressionen.[2] Sie sind eine wesentliche Ursache für Fehltage deutscher Arbeitnehmer[3] und weltweit die Hauptursache für Berufsunfähigkeit.[4]

Weltweit sind über 300 Millionen Menschen an Depressionen erkrankt, knapp fünf Prozent der Weltbevölkerung.[5] Depressionen kommen in allen Bevölkerungsschichten und allen Berufen vor.

Depressionen können jeden treffen: Frauen und Männer, Junge und Alte, alle Einkommensgruppen und sozialen Schichten, Erwachsene und Kinder. Auch Hollywoodstars mit Weltruhm und allen vermeintlichen Annehmlichkeiten des Lebens erkranken an Depressionen, zum Beispiel:[6]

---

[1] http://www.deutsche-depressionshilfe.de/stiftung/wissen.php
[2] http://www.bptk.de/patienten/psychische-krankheiten/depression.html
[3] http://www.freiepresse.de/RATGEBER/GESUNDHEIT/Depression-auf-Platz-2-bei-Fehltagen-artikel9099852.php#
[4] http://www.who.int/mediacentre/factsheets/fs369/en/
[5] http://www.healthline.com/health/depression/facts-statistics-infographic#1
[6] http://www.huffingtonpost.de/2014/11/10/stars-depressionen_n_6132312.html,
http://www.promipool.de/bildergalerie-spezial/diese-stars-leiden-an-depressionen/?offset=1

- Jim Carrey
- Kirsten Dunst
- Angelina Jolie
- Mel Gibson
- Robin Williams
- René Zellweger
- Catherine Zeta-Jones

und viele mehr.

Popstars leiden auch an Depressionen, beispiels-weise:[7]

- Sheryl Crow
- Chris Cornell (Soundgarden)
- Chester Bennington (Linkin Park)
- Eminem
- Lady Gaga
- Kanye West
- Robbie Williams

Ebenso gibt es unter Spitzensportlern in gleichem Umfang wie in der allgemeinen Bevölkerung De-pressionen, beispielsweise:[8]

---

[7]http://www.promipool.de/bildergalerie-spezial/diese-stars-leiden-an-depressionen/?offset=1,
http://www.huffingtonpost.de/2014/11/10/stars-depressionen_n_6132312.html
[8] http://www.planet-wissen.de/gesellschaft/krankheiten/depression_wenn_die_seele_trauer_traegt/pwiedepressionenimspitzensport100.html

- Sebastian Deisler
- Robert Enke
- Sven Hannawald

Depressionen treten also nachgewiesenermaßen in großer Zahl auch bei Menschen auf, die ein vermeintlich sorgenfreies Leben führen.

Viele Menschen möchten Depressionen verständlicherweise nicht haben und weisen daher eine mögliche Erkrankung weit von sich. Sie akzeptieren einen Bänderriss, eine Lungenentzündung oder eine andere physische Erkrankung, aber Depressionen oder andere psychische Krankheiten wollen sie nicht wahrhaben. Leider trägt diese Sichtweise nicht zu einer Heilung oder einer Verbesserung der Lebensqualität bei.
Wesentlich besser ist es anzuerkennen, dass man sich nicht wohlfühlt und sich informiert, was Sie hier ja gerade machen. Glückwunsch!

Depressionen sind unangenehm, teilweise höllisch. Die gute Nachricht lautet, dass man die Lebensqualität trotz Depressionen erheblich steigern oder die Depressionen sogar ganz heilen kann.

Wie fühlen sich Depressionen an?

Aufgrund der großen Bandbreite der Symptome und der verschiedenen Schweregrade empfinden Depressive ihre Krankheit nicht alle auf die gleiche Weise. Um Ihnen einen guten Eindruck von der Bandbreite des depressiven Erlebens zu geben, sind hier die Innenansichten und Empfindungen von drei an Depressionen Erkrankten aus ihrer ganz persönlichen Sicht beschrieben.

Carsten, lang anhaltende leichte Depressionen (Dysthymia):

Mir geht es eigentlich ganz gut. Nur empfinde ich irgendwie keine richtige Freude. So sollte es doch nicht sein! Ständig so ohne richtige Freude! Was mir jedoch sehr gut hilft, ist Sport. Sport macht bei mir alles viel erträglicher. Und die Medikamente sind gut. Zumindest bekomme ich vermehrt depressive Symptome, wenn ich sie absetze.

Stefanie, mittelgradige Depression:

Meine Depressionen fingen damit an, dass ich an Schlafstörungen und erheblichen Stimmungstiefs zu leiden begann. Jeden Morgen wachte ich um vier Uhr auf, während ich abends fast komatös ins Bett fiel. Ich merkte, wie mir nach und nach alles zu viel wurde, ich mich von meinen Sozialkontakten zurückzog und die Freude an allem verlor. Im

Februar 2012 erlitt ich in den Ferien einen ersten Nerven- und Kreislaufzusammenbruch. Meine Ärztin diagnostizierte eine Erschöpfungsdepression.

Nachdem ich mich schon die zwei Jahre zuvor zwecks Vergangenheitsbewältigung regelmäßig in Psychotherapie befand, verstärkte ich die ambulante Behandlung wegen dieser Depression.

Die Therapie half mir kurzfristig, aber ich merkte trotzdem, dass ich es in meinem alltäglichen Umfeld nicht schaffte, grundlegende Veränderungen vorzunehmen. Dennoch ließ ich mich immer nur kurzzeitig arbeitsunfähig schreiben, da ich immer wieder dachte, die Ferien zur Regeneration nutzen zu können. Diese sowie die ambulante Psychotherapie reichten am Ende des Jahres 2012 nicht mehr aus, mich aus dieser inzwischen mittelschweren Depression herauszuholen. Ich sah für mich selbst nur noch die Möglichkeit einer stationären Behandlung, um Distanz zu gewinnen. Sowohl meine Hausärztin als auch meine Psycho- und Physiotherapeutin wie auch mein neuer Partner unterstützten mich in meinem Bestreben.

Als ich Anfang 2013 in der Akutklinik Urbachtal eintraf, war ich am Ende und erleichtert zugleich. Ich musste nun niemandem mehr etwas vormachen. Doch der Druck, der dadurch von mir abfiel, kehrte sich um in Müdigkeit und Tränen. Die ersten Tage in der Klinik verbrachte ich gefühlt mit schlafen, einigeln und weinen. Doch die zwei Monate, die ich letztlich dort verbrachte, sollten zu einem Geschenk an mein Leben werden. Mir tat der Abstand gut – ich hatte nun endlich Zeit mich auf mich zu fokussieren. Aus therapeutischer Sicht sind außerdem die Gespräche und Bindungen, die zwischen den Patienten entstehen, mindestens genauso heilsam wie der offizielle Therapieplan. Auch dass mein Partner in dieser schwierigen Zeit vorbehaltlos zu und hinter mir stand, half mir bei der Genesung.

Nach dem Klinikaufenthalt begann ich meinen großen Traum – nämlich ein Buch zu schreiben – wirklich umzusetzen. Vier Jahre nach meinem Klinikaufenthalt habe ich es geschafft, mein autobiografisches Buch zu veröffentlichen und dazu ein erfolgreiches Theaterstück zu inszenieren. Meine Kreativität lebt. Vor allem aber veränderte ich meine Sichtweise auf die Dinge. Ich versuche bis heute, jeden Tag sehr bewusst und achtsam zu leben. Ich umgebe mich mit Menschen, die mir guttun. Ich versuche in den Herausforderungen des Tages nicht nur Sorgen und Probleme zu sehen, sondern mit einer positiven Einstellung an die Dinge heran und auf die Menschen zuzugehen. Selbst Glück zu schenken, gibt mir Glück. Das gelingt nicht immer, sicher, aber auf der großen Lebensreise hat mir das mein Leben wiedergegeben. Dafür bin ich dankbar. Und diese Dankbarkeit trägt mich durch die Zeiten.

Es tut so unendlich weh. Unbeschreiblich. Bis ins Mark. Zersetzend. Ich heule mit unglaublich großer Verzweiflung. Mit jeder Faser, jeder Zelle meines Körpers. Tränen. Nicht enden wollende Tränen. Schmerzen. Im ganzen Körper. Seelischer Schmerz im ganzen Körper. Schlimm. Schlimmer als alles. Ich finde einfach keine Worte dafür.

Und dann habe ich Schuldgefühle. Riesengroß. Weil ich es nicht erklären kann. Keiner kann es auch nur ansatzweise nachvollziehen. Wo doch von außen betrachtet mein Leben gut aussieht. Ich halte es für eine Schwäche. Eine unverzeihliche Schwäche. Etwas, das einen schuldig macht. Eine Riesensünde am Leben, an allem Guten, das ich habe. Und schon stecke ich noch tiefer drin.

Schuldgefühle: Weil ich alle belaste. Meine wunderbare Frau. Meine Kinder. Meine Eltern. Meine Brüder. Meine Freunde. »Was hat er denn nur?« – »Hoffentlich wird es bald besser …« – »Na ja, wie soll man da nur helfen?«

Es fühlt sich an, als hätte jemand meine Seele mit einem Baseballschläger zu Brei geschlagen. Und mit dieser Seele soll ich jetzt leben?

Angst. Ängste. In alle Richtungen. Versagensangst. Angst wertlos zu sein, nicht zu genügen, sich am Leben zu versündigen. Verarmungsangst. Angst verurteilt zu werden, schuldig gesprochen zu werden, insgeheim überzeugt wertlos zu sein und wahnsinnig aufpassen zu müssen, dass das keiner merkt.

Peinlich. Es ist mir so unbeschreiblich peinlich. Ich weiß ja, dass die ganzen Empfindungen und Ängste übertrieben oder sogar ganz haltlos sind. Also STOPP! Aber wie?

Scham. Tiefe Scham.

Grau. Dunkel. Schwarz. Ausweglos. Eine immer wiederkehrende Hölle. Verursache ich die?

Ich rede von seelischen Schmerzen, als hätte einer die Seele auf die heiße Herdplatte gelegt. Ich kann nicht erklären, wieso das so weh tut. Ich weiß nur, dass es so ist.

Gelerntes Muster. Lässt sich verlernen. Ist heilbar.
Bloß wie? Hat irgendwer mal einen Vorschlag, der funktioniert? Einen Weg? Irgendetwas, das Sinn macht?

Ich bin es so gewöhnt, einen guten Eindruck zu machen, dass ich auch bei den Therapeuten einen guten Eindruck hinterlassen möchte. Ich traue mich nicht, mein Empfinden zu beschreiben, weil es zu sehr weh tut und ich nicht unkontrolliert erscheinen möchte, nicht heulen, nicht zusammenbrechen möchte.

Ich habe solche Riesenangst, dass keiner mein Innerstes, mein Wesen mag, dass ich verurteilenswert bin, verdammenswert, dass ich in dieser Hölle verbleiben werde. Angst vor dem Untergang, dem jüngsten Gericht, das mich verurteilt.

Zirkelschlüsse. Knoten im Hirn. Angst. Verzweiflung. Welchen Sinn hat das alles noch?
Bis hierher bin ich mit Kraft trotz all der Schmerzen weitergegangen. Eine unbeschreibliche Kraftanstrengung. Meine Kraft wird langsam weniger. Wie soll ich das bloß wieder ins Lot bringen? Wo gibt es bitte, bitte eine Lösung?

Diesen Text über mein eigenes Empfinden habe ich Anfang 2013 in einer sehr schweren depressiven Phase geschrieben. Mit Geduld und Durchhaltevermögen sowie den im Folgenden beschriebenen Therapiemaßnahmen habe ich inzwischen meine Gesundheit so weit verbessern können, dass ich wieder ein gutes Leben führe.

Wie sind die Heilungschancen?

Die Heilungschancen für Depressive sind gut bis sehr gut. Die Mehrzahl der an Depression Erkrankten erfährt vollständige Heilung ohne Rückfall. Viele Depressive jedoch genesen zwar vollständig, erleben jedoch einen oder mehrere Rückfälle (Rezidive). Nur einige wenige Depressive weisen dauerhaft leichte oder mittlere Depressionssymptome auf; diese Form der Depressionen heißt *Dysthymia*.

Alle Depressiven können mit den in diesem Buch vorgestellten Therapien und Maßnahmen ihre Lebensqualität wesentlich steigern.

Meiner Erfahrung nach ist insbesondere Durchhaltevermögen wichtig. Ich habe mir während depressiver Phasen oft nicht vorstellen können, dass sich mein Wohlbefinden je wieder bessern würde, doch genau das ist geschehen: Mein Wohlbefinden hat sich immer wieder gebessert.

Definition der Depressionen

Depressionen sind eine Erkrankung der menschlichen Stimmungsregulation. Diese ist Aufgabe des Gehirns, insbesondere des limbischen Systems[9] sowie der Botenstoffkonzentration zwischen den Gehirnzellen.[10]

Depressionen äußern sich hauptsächlich durch anhaltende Niedergeschlagenheit sowie anhaltenden Antriebs- und Interessenverlust.[11] Sie sind wie eine dunkelgraue Brille, die die Weltsicht des Depressiven in nahezu allen Belangen grau oder schwarz einfärbt.

---

[9] Daniel G. Amen, Das glückliche Gehirn, Goldmann, 2010, 6. Ausgabe, S. 80ff.
[10] http://www.onmeda.de/psychische_erkrankungen/depression_ursachen-was-passiert-im-gehirn--17233-2.html
[11] http://www.icd-code.de/icd/code/F32.0.html

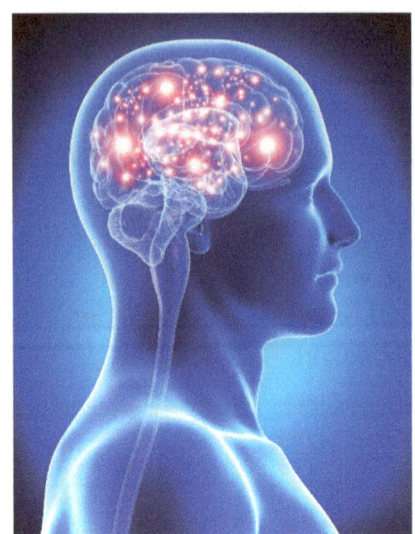

Darstellung des Gehirns

Abläufe im Gehirn

Das menschliche Gehirn besteht aus ca. 100 Milliarden Nervenzellen[12] und ist der komplexeste der Menschheit bekannte Organismus. Dementsprechend ist die Funktionsweise des Gehirns im Detail noch weitgehend unbekannt. Bekannt sind jedoch die wesentliche Hirnaktivität sowie die wesentlichen Übertragungsmechanismen zwischen den Nervenzellen, was sich für die Behandlung von Depressionen sehr gut nutzen lässt.

Bildgebende Verfahren, die die Hirnaktivität in gewissem Umfang aufzeigen können, zeigen bei depressiv

---

[12] http://www.planet-wissen.de/natur/forschung/hirnforschung/

Erkrankten eine veränderte Hirnaktivität im Vergleich zu Gehirnaufnahmen von gesunden Personen.[13] Mit der richtigen Therapie kann diese veränderte Hirnaktivität normalisiert werden. Dies führt zu einer oftmals vollständigen Abnahme der Depressionen.

Die Übertragung von Impulsen zwischen den Nervenzellen im Gehirn findet über sogenannte *Botenstoffe* (auch *Neurotransmitter* genannt) statt. Zu den in Zusammenhang mit Depressionen besonders wichtigen Botenstoffen zählen vor allem *Serotonin, Noradrenalin, Dopamin, Acerylcholin* und *Gamma-Aminobuttersäure*.[14]

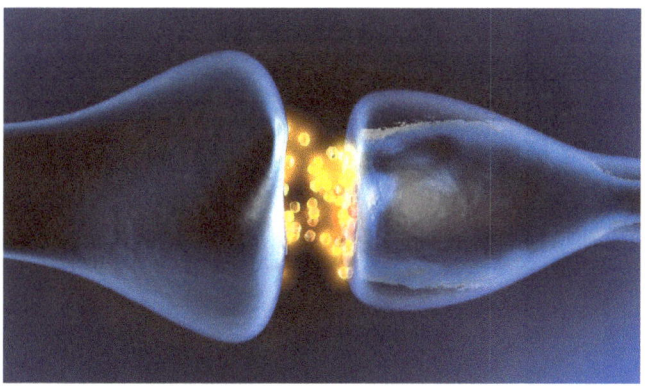

Schematische Darstellung der Botenstoffe zwischen zwei Gehirnzellen im synaptischen Spalt

---

[13] Daniel G. Amen, Das glückliche Gehirn, Goldmann, 2010, 6. Ausgabe, S. 84
[14] https://www.neurologen-und-psychiater-im-netz.org/psychiatrie-psychosomatik-psychotherapie/stoerungen-erkrankungen/depressionen/ursachen/

Depressionen gehen oftmals mit einer reduzierten Botenstoffkonzentration in den Nervenzwischenräumen (Synapsen oder synaptischer Spalt) im Gehirn einher.[15] Mit der richtigen Therapie, die auch den Einsatz von Medikamenten umfassen kann, kann die Botenstoffkonzentration angehoben beziehungsweise normalisiert werden. Dies führt vielfach zu einer vollständigen Heilung der Depressionen.

Körperliche Grundlage der Depressionen

Depressionen haben also eine körperliche Grundlage. Depressionen gehen mit einer veränderten Hirnaktivität, insbesondere einer Überaktivität im lymbischen System und einer reduzierten Botenstoffkonzentration zwischen den Nervenzellen im Gehirn einher. Liegen bei Depressiven Kindheitstraumata vor, ist oftmals auch der Hippocampus im Gehirn verkleinert.[16]

Depressionen gehen also mit diversen körperlichen Veränderungen im Gehirn einher. Depressionen sind real, sie sind nicht eingebildet. Und sie sind erst recht nicht die Schuld der depressiv erkrankten Person.

---

[15]http://www.deutsche-depressionshilfe.de/stiftung/biochemie.php
[16] http://www.aerztezeitung.de/medizin/krankheiten/neuro-psychiatrische_krankheiten/depressionen/article/910744/verklein erter-hippocampus-spur-fuehrt-kindheit.html

Symptome von Depressionen nach ICD-10[17]

Die ICD ist das weltweit wichtigste Diagnoseklassifikationssystem für Krankheiten. Die aktuelle Fassung ist *ICD-10*.

Depressionen sind nach diesem internationalen ICD-Standard wie folgt definiert:
Wenn über einen Zeitraum von mindestens zwei Wochen mindestens zwei der drei folgenden Hauptsymptome und mindestens zwei der nachfolgenden Zusatzsymptome gegeben sind, handelt es sich um eine Depression.

Hauptsymptome
- Niedergeschlagenheit oder Gefühllosigkeit bzw. das Gefühl anhaltender innerer Leere.
- Interessenverlust, Verlust der Fähigkeit zu Freude oder Trauer.
- Antriebsverlust, erhöhte Ermüdbarkeit.

Zusatzsymptome
- Verringerte Konzentration und Aufmerksamkeit.
- Verringertes Selbstwertgefühl und Selbstvertrauen.
- Schuldgefühle und Gefühle von Minderwertigkeit.
- Negative und pessimistische Zukunftserwartungen.

---

[17] http://www.icd-code.de/icd/code/F32.1.html,
https://de.m.wikipedia.org/wiki/Depression

- Selbstmordgedanken oder –handlungen.
- Schlafstörungen.
- Verminderter oder verstärkter Appetit.

Ferner können im Zusammenhang mit Depressionen noch eine Reihe von weiteren Krankheitsmerkmalen auftreten:[18]

- Mangelnde Fähigkeit, emotional auf die Umwelt zu reagieren.
- Frühmorgendliches Erwachen, mindestens zwei Stunden vor der üblichen Zeit.
- Morgentief: Oftmals geht es Depressiven am Morgen besonders schlecht.
- Selten tritt ein *Abendtief* auf, das heißt, die Depressionssymptome verstärken sich gegen Abend und das Einschlafen ist verzögert und teilweise erst gegen Morgen möglich.
- Psychomotorische Hemmung oder Agitiertheit: Die Hemmung von Bewegung und Initiative geht häufig mit innerer Unruhe einher, die sehr quälend sein kann (körperliche Aufgewühltheit, lautlose Panik).
- Veränderter Appetit mit Gewichtsabnahme oder Gewichtszunahme (Kummerspeck).
- Vermindertes sexuelles Interesse, teilweise erloschen (Libidoverlust).

---

[18] https://de.m.wikipedia.org/wiki/Depression

Während einer Depression ist die Infektionsanfälligkeit erhöht. Oftmals findet ein sozialer Rückzug statt. Das Denken ist verlangsamt (Denkhemmung). Viele Depressive berichten über sinnloses Gedankenkreisen und unangenehme Gedankenwiederholungen (Grübelzwang). Häufig bestehen Reizbarkeit und Ängste. Diese Ängste können sich unter anderem auf soziales Versagen (soziale Phobie), Verarmung (Verarmungsangst) und Angst vor Krankheiten (Hypochondrie) beziehen.

Sondersymptom Selbstmordneigung

In der vielfältigen Symptomatik der Depressionen gibt es ein Symptom, das meines Erachtens eine Sonderstellung innehat: die Selbstmordneigung.

Depressionen verursachen viel Leid. Solange keine Selbstmordneigung vorliegt, sind Depressionen jedoch glücklicherweise nicht tödlich. Depressionen mit Selbstmordneigung können aber leider tödlich enden – und tun dies teilweise auch. Bis zu 15 Prozent aller schwer Depressiven begehen Selbstmord.[19]

In Deutschland werden jährlich ca. 10.000 Selbstmorde verübt.[20] Mindestens die Hälfte dieser Tode, also über 5.000 Selbstmorde, gehen nach Ein-

---

[19] http://www.deutsche-depressionshilfe.de/stiftung/volkskrankheit-depression.php?r=p
[20] https://de.statista.com/statistik/daten/studie/583/umfrage/sterbefaelle-durch-vorsaetzliche-selbstbeschaedigung/

schätzung von Experten auf das Konto von schweren Depressionen. [21] Das sind über 50 Prozent mehr Tote durch Suizid aufgrund schwerer Depressionen, als es Verkehrstote gibt.

Das Thema Selbstmordneigung ist in unserer Gesellschaft weitgehend tabuisiert. Selbst Haus- und Fachärzte verharmlosen das Thema oftmals. Hierfür gibt es eine Reihe von – teilweise sinnvollen – Gründen:

Bereits seit der Veröffentlichung von *Werther's Leiden* durch Johann Wolfgang von Goethe im Jahre 1774 ist der Nachahmungseffekt bei Berichten über Selbstmorde bekannt. Die Medien berichten daher nur in Ausnahmefällen darüber.

Die christlichen Religionen haben historisch eine sehr ablehnende Haltung gegenüber Selbstmorden eingenommenen. [22] Hinzu kommen eine Vielzahl von weiteren Ängsten und Vorurteilen.

Schwer Depressive haben üblicherweise weder vor noch nach der schwer depressiven Phase eine Selbstmordneigung. Die Selbstmordneigung ist also ein Symptom der Depression und nicht Ausdruck von Persönlichkeit, Lebenssituation oder Sonstigem.

---

[21] http://www.deutsche-depressionshilfe.de/stiftung/brisanz.php
[22] Der SPIEGEL, Ausgabe 39/1976

Selbstmord und nahestehende Menschen

Ein Selbstmord löst sehr viel Leid bei Angehörigen und Freunden aus. Ein Selbstmord kann bis zu 20 nahestehende Menschen erfassen,[23] diese traumatisieren und teilweise sogar einen Nachahmungseffekt auslösen. Die Idee, dass man durch einen Selbstmord sein Umfeld erleichtert, ist ein durch die Depression verursachter Trugschluss.

In Summe ist ein Selbstmord also etwas, was der Depressive in gesundem Zustand nicht will und was liebe Menschen im Umfeld sehr schwer emotional verletzt.

Wie sehen Selbstmordgedanken aus?

Im Folgenden zeige ich Ihnen eine Reihe von Vorläufergedanken sowie konkreter Überlegungen zum Selbstmord auf. So kann eine grobe Einschätzung einer eventuellen Selbstmordneigung vorgenommen werden.

Aufgrund des potenziell tödlichen Ausgangs lautet bei jedweder Vermutung und jedwedem Verdacht von Selbstmordneigung die dringende Empfehlung, unmittelbar Hilfe in Anspruch zu nehmen.

---

[23] https://www.agus-selbsthilfe.de/info-zu-suizid/tod-durch-suizid/angehoerige-nach-suizid/

Beispiele für Vorläufergedanken zum Selbstmord:

- *Es ist alles so furchtbar, ich wünschte es wäre endlich vorbei.*
- *Ich halte das nicht länger aus!*
- *Alles ist grau. Das macht doch überhaupt keinen Sinn mehr.*
- *Es wäre besser, ich wäre weg.*
- *Das Leben ist eine reine Qual. Es wird nicht besser. Wenn das alles so verdammt schmerzhaft ist, was soll das dann noch?*
- *Ich bin kaputt. Was kaputt ist, wirft man weg. Ich sollte mich auch wegwerfen.*
- *Ich bin so dermaßen wertlos, eine Riesenbelastung für meine Familie und eine unendliche Qual für mich selbst. Besser ein Ende mit Schrecken als ein Schrecken ohne Ende.*

Beispiele konkreter Überlegungen zum Selbstmord:

- *Ich fühle mich absolut miserabel und komplett hoffnungslos. Ich könnte vom Hochhaus oder einer Brücke springen.*
- *Ich bin am Ende. Ich sollte mich aufhängen, Tabletten nehmen oder vor einen Zug werfen.*
- *Am untersten Ast der Eiche im Park, da kann ich mich gut aufhängen.*
- *Wenn ich mit dem Auto mit hoher Geschwindigkeit gegen einen Brückenpfeiler oder Baum fahre, dann wäre es vorbei und vollbracht.*

Der Selbstmordgefährdete braucht um so dringender Hilfe, je häufiger und je konkreter die Selbstmordgedanken auftreten.

Selbstmordneigung und Scham

Vielen Depressiven sind ihre Selbstmordgedanken peinlich. *So etwas denkt man doch nicht!, Wie peinlich!, Wie undankbar!* und Ähnliches sind weit verbreitete Glaubenssätze zum Thema *Selbstmordneigung.* Entsprechend schämen sich Menschen oftmals für ihre Selbstmordgedanken und neigen daher dazu, diese für sich zu behalten oder herunterzuspielen.

Es macht jedoch viel Sinn, Selbstmordgedanken dem behandelnden Arzt oder nahestehenden Personen anzuvertrauen, um eine potenziell lebensbedrohliche Situation abzuwenden.

Was tun bei Selbstmordneigung?

Wenn Sie oder ein Ihnen nahestehender Mensch wiederkehrende Selbstmordgedanken haben oder gar Selbstmord konkret in Erwägung ziehen, empfehle ich Ihnen dringend, d. h. jetzt sofort, Hilfe in Anspruch zu nehmen und gegebenenfalls mittelfristig Medikamente einzunehmen, die nachweislich die Selbstmordneigung abbauen können.

Wenden Sie sich auf der Stelle an nahestehende Personen, Ihren Arzt oder an eine der unten ste-

henden Hotlines. Sprechen Sie die Selbstmordneigung sofort und unumwunden an.

<u>Telefonseelsorge</u>
08001110111 oder **08001110222** (bundesweite kostenlose Hotline) und www.telefonseelsorge.de

<u>Bereitschaftsdienst der Kassenärztlichen Vereinigung</u>
116117 (bundesweite kostenlose Hotline für Kas-
senpatienten)

<u>Europaweiter Rettungsdienst</u>
(insbesondere bei unmittelbarer Gefährdung)
112 (kostenfreier europaweite Rettungsdienst)

Selbstmordverhütende Medikamente

Bis dato hat sich vor allem Lithium als selbstmordverhütendes Medikament erwiesen.[24] Lithium ist unter
den Handelsnamen *Hypnorex, Lithiofor, Quilonum,
Quilonum retard* und *Quilonorm* als verschreibungspflichtiges Medikament in Deutschland verfügbar.
Lithium wirkt gut, wenn ein gleichmäßiger, nicht zu
hoher Lithiumspiegel im Blut aufgebaut wird. Dieser Lithiumspiegel sollte regelmäßig ärztlich überprüft werden.

---

[24] https://www.researchgate.net/profile/Werner_Felber/publication/
257327633_Suizidprophylaktische_Wirkung_von_Lithium/links/0
2e7e5257e4d2ee254000000/Suizidprophylaktische-Wirkung-
von-Lithium.pdf?origin=publication_detail

Aus meiner persönlichen Sicht ist Lithium als selbstmordverhütendes Medikament ein Segen. Ich habe jahrelang Selbstmordgedanken gehabt, obwohl ich keinen Selbstmord begehen wollte. Teilweise habe ich bei jeder Autofahrt gedacht, ich müsste bloß in den entgegenkommenden Laster, einen Brückenpfeiler oder ein sonstiges Hindernis reinfahren und es wäre vorbei. Ich habe diese Gedanken so gut es ging ignoriert und mich auf das Leben konzentriert. Selbstmordgefährdet war ich aber dennoch in erheblichem Maße.

Seit 2013 nehme ich dauerhaft Lithium ein. Ich finde es fantastisch, weitgehend ohne Selbstmordgedanken leben zu können. Es ist befreiend und meine Lebensqualität ist daher deutlich besser.

Schweregrad der Depressionen

Der Schweregrad von Depressionen wird nach *ICD-10* gemäß der Anzahl der Haupt- und Nebensymptome definiert:

	schwere Depressionen	mittlere Depressionen	leichte Depressionen
Hauptsymptome	drei	zwei	zwei
Nebensymptome	fünf oder mehr	drei bis vier	zwei

Der Schweregrad ist Teil der qualifizierten Diagnose von Depressionen.

Der Schweregrad von Depressionen wird verwendet, um die entsprechenden adäquaten Therapien und Maßnahmen festzulegen. Nach dem Schweregrad bemisst sich ebenso der Krankheitsgrad und gegebenenfalls eine Berufsunfähigkeit.

Ursachen der Depressionen

Depressionen entstehen dann, wenn die individuelle Widerstandskraft gegen Depressionen (Resilienz) durch individuelle Belastungen überfordert wird.[25] Die individuelle Resilienz ergibt sich aus genetischen Faktoren/Prägungen während der Kindheit, der persönlichen Denkweise und individuellen Bewältigungsstrategien für die Belastungen des Lebens. Die individuelle Resilienz wird weiter bestimmt durch die Hirnaktivität, die Hipocampus-Größe und die Botenstoffkonzentration in den Synapsen.[26]

Leiden Verwandte an einer Depression, ist die Wahrscheinlichkeit einer depressiven Erkrankung erhöht. Je enger der Verwandtschaftsgrad zum Depressiven, desto höher die Wahrscheinlichkeit

---

[25] https://de.m.wikipedia.org/wiki/Diathese-Stress-Modell
[26] https://www.neurologen-und-psychiater-im-netz.org/psychiatrie-psychosomatik-psychotherapie/stoerungen-erkrankungen/depressionen/ursachen/

einer depressiven Erkrankung. Bei eineiigen Zwillingen beispielsweise beträgt die Wahrscheinlichkeit bei depressiver Erkrankung des einen Zwilling für den anderen ganze 50 Prozent.[27]

Ungünstige Prägungen während der Kindheit erhöhen ebenfalls die Wahrscheinlichkeit einer Erkrankung an Depression. Dies liegt daran, das Kinder Hirnwellen niedriger Frequenz aufweisen, die den Hirnwellen Erwachsener bei Hypnose entsprechen. [28] Entsprechend nehmen Kinder das Erlebte sehr intensiv auf und können sich oftmals lebenslang kaum davon lösen.

Persönliche Bewältigungsstrategien und -fähigkeiten für die Herausforderungen des Lebens sind individuell ausgeprägt. Je niedriger diese Fähigkeiten ausgebildet sind, um so höher die Wahrscheinlichkeit einer Erkrankung an Depression.

Das Gegenstück zur Resilienz besteht aus genetischen Faktoren, Prägungen und Traumata sowie Bewältigungsfähigkeiten und wird Vulnerabiltät [29] (Verletzlichkeit gegenüber Depressionen) genannt.

Die individuellen Herausforderungen und Belas-

---

[27] https://www.neurologen-und-psychiater-im-netz.org/psychiatrie-psychosomatik-psychotherapie/stoerungen-erkrankungen/depressionen/ursachen/
[28] http://secret-wiki.de/wiki/Gehirnwellen
[29] http://flexikon.doccheck.com/de/Vulnerabilität

tungen des Lebens treffen auf die individuelle Vulnerabilität und Resilienz eines Menschen. Depressionen entstehen, wenn die individuelle Resilienz eines Menschen überfordert wird. Zu diesen Überforderungen gehören insbesondere Dauerstress am Arbeitsplatz oder in der Partnerschaft sowie hoher dauerhafter emotionaler Stress jedweder Art.

Eine klare Ursache, die sich einfach abstellen ließe, gibt es bei Depressionen leider nicht. Oftmals liegt ein Mix aus familiärer und/oder ungünstiger frühkindlicher Prägung sowie aktueller Lebensumstände, Lebensführung und Denkweise vor, der sich aufgrund seiner Komplexität und individuellen Ausprägung mittelfristig am besten in einer Psychotherapie auflösen lässt.

Willenskraft gegen Depressionen

Depressionen lassen sich kurzfristig kaum durch die Willenskraft beeinflussen. Fremd- oder Eigenappelle wie *Reiß dich zusammen! Es ist doch alles gar nicht so schlimm. Genug Trübsinn geblasen!* oder Ähnliches können nicht wirken und sind somit sinnlos. Solche Appelle verursachen bei Depressiven zudem oft Schuldgefühle. Daher empfiehlt es sich, solche Aussagen gegenüber Depressiven zu unterlassen.

Depressive können ihre Willenskraft nutzen, um den im Folgenden beschriebenen Weg einer Verbesserung ihrer Lebensqualität zu beschreiten, der ihnen mit der Zeit Linderung oder Heilung ermöglicht.

Sonderformen der Depression

Chronische Depression (Dysthymia)

Bei der *Dysthymia* (auch *Dysthymie* genannt) treten leichte bis mittlere depressive Symptome über einen lang anhaltenden Zeitraum auf.[30]

Depression bei Kindern und Jugendlichen

Depressionen bei Kindern und Jugendlichen können in jedem Alter auftreten und sind schwer zu erkennen, da die eigentlichen depressiven Symptome der Niedergeschlagenheit, Antriebslosigkeit und des Interessens- und Freudeverlustes oftmals durch eine Vielzahl an Sekundärsymptomen überlagert werden. Hierzu gehören unter anderen erhöhte Anhänglichkeit, Unruhe, Aggressivität, Zukunftsangst, schulische Leistungsstörungen, Schlafstörungen, Alkohol- und Drogenkonsum, Konzentra-

---

[30]http://www.psychosoziale-
gesundheit.net/psychiatrie/dysthymie.html

tionsstörungen und Traurigkeit. Ab drei Jahren werden bei depressiven Kindern teilweise auch Suizidgedanken festgestellt; mit höherem Alter auch Suizidhandlungen.

Wenn Ihnen diese Sekundärsymptome bei Kindern auffallen, insbesondere in deutlichem Gegensatz zum früheren Verhalten des Kindes, empfiehlt es sich, einen Kinderarzt oder Kinderpsychiater für eine Diagnose aufzusuchen.

Bei Kindern zwischen drei und sechs Jahren sind ca. ein Prozent depressiv erkrankt. Im Alter von sechs bis zwölf Jahren sind weniger als zwei Prozent der Kinder erkrankt. Bei Jugendlichen zwischen zwölf und siebzehn Jahren liegt die Depressionshäufigkeit bei drei bis zehn Prozent.[31]

Depression im Alter

Depressionen treten im Alter mit höherer Häufigkeit auf als in jüngeren Jahren. Depressionen sind im Alter schwieriger zu diagnostizieren, da Depressive im Alter vermehrt über körperliche und weniger über psychische Beschwerden klagen. Oftmals werden Depressionen auch mit anderen alterstypischen Erkrankungen wie beispielsweise *Alzheimer* verwechselt. Hinzu kommt, dass im Alter vermehrt

---

[31] http://www.buendnis-depression.de/depression/kinder-und-jugendliche.php

Wechselwirkungen mit und Nebenwirkungen von anderen Medikamenten berücksichtigt werden müssen.[32] Besteht der Verdacht einer depressiven Erkrankung, empfiehlt es sich, einen Hausarzt oder Psychiater mit geriatrischer Spezialisierung (besonderer Erfahrung im Umgang mit alten Patienten) aufzusuchen.

Die primäre Therapieempfehlung für Depressionen im Alter besteht in der Einnahme von Antidepressiva und der Durchführung von Psychotherapie, wobei im Alter eine besonders lange Einnahme der Antidepressiva als Rückfallvorbeugung empfohlen wird.[33]

Erschöpfungsdepression

Die Erschöpfungsdepression wurde in vergangenen Jahrzehnten häufig gestellt.[34] Bei der Erschöpfungsdepression führen dauerhafte Belastungen zu einer Abnahme und Überforderung der Resilienz des Patienten. Heutzutage wird bei gleicher Sachlage vermehrt eine Depression mit zusätzlichem *Burn-out* diagnostiziert.

---

[32] https://www.neurologen-und-psychiater-im-netz.org/psychiatrie-psychosomatik-psychotherapie/erkrankungen/altersdepression/was-ist-eine-altersdepression/
[33] https://de.m.wikipedia.org/wiki/Altersdepression
[34] http://www.psychosoziale-gesundheit.net/psychiatrie/depression3.html

Manische (bipolare) Depression

Die manische Depression weist neben der für Depressionen charakteristischen Niedergeschlagenheit manische Phasen der Euphorie oder Überdrehtheit auf.[35] In den manischen Phase der Erkrankung haben die Betroffenen starken Antrieb, geringes Schlafbedürfnis, gesteigerte Libido, achtlosen Umgang mit Geld und sich selbst und weisen in der Regel keinerlei Einsicht in ihr abnormales Verhalten auf.[36] In der depressiven Phase der Erkrankung weisen die Betroffenen die üblichen depressiven Symptome auf.

Melancholische Depression

Die melancholische Depression ist dadurch gekennzeichnet, dass Betroffene nichts empfinden bzw. keine Lust oder positiven Empfindungen mehr spüren.[37]

Psychotische (wahnhafte) Depression

Die psychotische Depression ist dadurch gekennzeichnet, das neben den depressiven Symptomen

---

[35] http://psychiatrie.uni-bonn.de/krankheitsbilder/bipolare_stoerungen/index_ger.html
[36] https://dgbs.de/bipolare-stoerung/symptome/
[37] https://www.neurologen-und-psychiater-im-netz.org/psychiatrie-psychosomatik-psychotherapie/erkrankungen/depressionen/einteilung/

auch psychotische Symptome wie beispielsweise Wahnideen oder Starrheit vorliegen.[38]

Postnatale Depression

Eine postnatale Depression (auch postpartale Depression genannt) kann in den ersten zwei Jahren nach Geburt bei Müttern und teilweise auch Vätern auftreten. Ca. 10 – 15 Prozent der Mütter und bis zu vier Prozent der Väter erleiden nach der Geburt eines Kindes eine postnatale depressive Erkrankung.[39]

Wiederkehrende (rezidivierende) Depression

Tritt nach dem Abklingen einer Depression eine erneute Depression auf, bezeichnet man dies als *rezidivierende* (wiederkehrende) Depression. Jede erneute Depression erhöht die Wahrscheinlichkeit für ein zukünftiges Wiederkehren der Depression.[40]

---

[38] https://www.neurologen-und-psychiater-im-netz.org/psychiatrie-psychosomatik-psychotherapie/erkrankungen/depressionen/einteilung/
[39] https://www.familie-und-tipps.de/Frauen/Schwangerschaft/Geburt/Postnatale-Depression.html, http://www.buendnis-depression.de/depression/nach-der-geburt.php
[40] http://www.icd-code.de/suche/icd/code/F33.-.html?sp=Sf33

Winterdepression

Winterdepression, (auch *saisonale Depression* genannt), tritt in den Wintermonaten auf. Es wird davon ausgegangen, das die im Winter reduzierte Sonneneinstrahlung verursachend wirkt. Der Verlauf einer Winterdepression findet oft im Bereich leichter bis mittlerer Depression statt. Da eine Winterdepression bei vielen Patienten jeden Winter erneut auftritt, wir sie der rezidivierenden Depression zugerechnet.[41]

Zusatzdiagnose Burn-out

Es hat sich eingebürgert, eine Depression in der Umgangssprache als *Burn-out* zu bezeichnen. Der Begriff *Burn-out* vermittelt den Eindruck, der Betroffene habe so intensiv gelebt oder gearbeitet, dass er *ausgebrannt* sei. Dies wird als ehrenhaft betrachtet. Außerdem liefert der Begriff *Burn-out* implizit die Erklärung für die Erkrankung mit – eben in Form des Ausgebranntseins.

Burn-out ist eine vielfach bei Depression gestellte Zusatzdiagnose und wird oftmals auch als *Belastungsdepression* bezeichnet. Umgangssprachlich werden Burn-out und Depression meist als zwei Begriffe für ein und dieselbe Krankheit verwendet. In der Medizin ist der Burn-out jedoch keine eigene

---

[41] http://www.netdoktor.de/krankheiten/depression/winterdepres sion/#TOC1

Erkrankung, sondern lediglich eine Zusatzdiagnose. Der Burn-out ist geprägt durch emotionale Erschöpfung, einem Gefühl von Überforderung sowie reduzierter Leistungszufriedenheit.[42]

---

[42] https://de.m.wikipedia.org/wiki/Burn-out

Diagnose und Selbsttest

In diesem Kapitel erfahren Sie, wie die Depressionsdiagnose gestellt wird. Sie erhalten Informationen über den Zweck einer körperlichen Untersuchung und über das Facharzt-Patienten-Gespräch im Zentrum der Diagnoseerstellung. Darüber hinaus haben Sie die Möglichkeit einen Selbsttest vorzunehmen, der die Diagnose zwar nicht ersetzt, Ihnen jedoch einen ersten Hinweis auf eine Erkrankung liefern kann.

Eine qualifizierte Diagnose kann nur von Fachleuten gestellt werden. Hierzu gehören Fachärzte für Psychiatrie, Hausärzte, Neurologen und Psychotherapeuten.

Körperliche Untersuchung

Als Erstes sollte eine körperliche Untersuchung erfolgen, da es eine Reihe von körperlichen Krankheiten gibt, die als Begleiterscheinung depressionsähnliche Symptome verursachen.[43] Meine Empfehlung lautet, sich für die körperliche Untersuchung an Ihren Hausarzt zu wenden. In der Regel kann dieser Ihnen im Anschluss einen Facharzt für Psychiatrie empfehlen und Sie bei Bedarf überweisen.

---

[43] https://www.neurologen-und-psychiater-im-netz.org/psychiatrie-psychosomatik-psychotherapie/stoerungen-erkrankungen/depressionen/diagnostik/

Wer stellt die Diagnose?

Üblicherweise wird die Diagnose vom Hausarzt oder Psychiater gestellt. Hausärzte haben ein sehr breites Leistungsspektrum zu bewältigen und können entsprechend nicht in allen ärztlichen Bereichen tiefe Expertise bieten. Bei Verdacht auf Depression empfehle ich daher, einen Psychiater aufzusuchen. Im Internet finden Sie Fachärzte für Psychiatrie beispielsweise unter den folgenden Adressen:

https://www.jameda.de/aerzte/psychiater-u-psychotherapeuten/fachgebiet/

http://www.portal-der-psyche.de/psychiater-neurologen-suche/index.html

Wie wird die Diagnose gestellt?

Die Diagnose wird bis dato überwiegend über die *Anamnese*, also das Facharzt-Patienten-Gespräch, gestellt. Im Wesentlichen handelt es sich bei der Anamnese um eine Reihe qualifizierter Fragen, die das aktuelle Befinden und das der letzten Wochen, die davor liegende Krankenhistorie und eine eventuelle familiäre Vorbelastung betreffen. Anhand der Antworten und des aktuellen persönlichen Eindrucks wird durch den Arzt festgestellt, in welchem Umfang die Symptome über den

Zeitraum der letzten mindestens zwei Wochen einer Depression (wie im Kapitel *Was sind Depressionen?* beschrieben) entsprechen.

Der Arzt klärt mögliche kurzfristige Auslöser wie die Einnahme bestimmter Medikamente ab und grenzt die Depression von anderen psychischen Krankheiten wie beispielsweise Angststörungen oder Schizophrenie ab.

Die Diagnosestellung durch den Arzt erfolgt üblicherweise direkt am Ende der Anamnese und umfasst auch den Schweregrad der Depression.

Eine Diagnose der Depression über die körperlichen Erscheinungen, wie reduzierte Botenstoffkonzentration oder veränderte Hirnaktivität, ist derzeit noch nicht üblich.

Selbsttest

Ich stelle Ihnen hier die Möglichkeit für einen ersten Selbsttest zur Verfügung. Er soll Ihnen einen ersten Hinweis auf eine mögliche Erkrankung geben.

Im Folgenden finden Sie 16 Aussagen zu Ihrem Befinden. Bitte wählen Sie für jede eine der folgenden vier Antworten aus und schreiben Sie die entsprechende Zahl vor die Aussage. Bitte beziehen Sie die Aussagen auf den Zeitraum der letzten zwei Wochen.

- Ich stimme überhaupt nicht zu: 1
- Ich stimme eher nicht zu: 2
- Ich stimme eher zu: 3
- Ich stimme vollständig zu: 4

_ Ich fühle mich meist antriebs- und energielos.

_ Ich habe kaum noch Interesse an den meisten Dingen und Menschen.

_ Ich kann mich kaum noch freuen.

_ Ich leide an Schlafstörungen.

_ Ich habe Zukunftsängste.

_ Ich bin weniger traurig oder trauriger als gewöhnlich.

_ Ich grüble viel.

_ Ich fühle mich minderwertig oder wie ein Versager.

_ Ich mache mir viel Selbstvorwürfe.

_ Alles erscheint mir ziemlich sinnlos.

_ Mein sexuelles Verlangen ist deutlich reduziert.

_ Ich habe keinen Spaß mehr an meinen Lieblingstätigkeiten.

_ Mich quälen Anspannung und innere Unruhe.

_ Mein Appetit ist deutlich schwächer oder stärker.

_ Tätigkeiten bereiten mir besondere Mühe, weil ich mich so schlapp fühle.

_ Ich denke vermehrt an Selbstmord.

Zählen Sie jetzt bitte die Ziffern zusammen. Aus der nachstehenden Übersicht können Sie das Ergebnis ablesen.

ICD-10 gemäß der Anzahl der Symptome definiert:

Anzahl Punkte	16-35 Punkte	36-52 Punkte	53-64 Punkte
Einschätzung	Sie sind wahrscheinlich nicht depressiv erkrankt.	Bei Ihnen könnte eine leichte bis mittlere Depression vorliegen.	Bei Ihnen könnte eine mittlere bis schwere Depression vorliegen.
Empfehlung	Wenn Sie sich dennoch unwohl fühlen, suchen Sie bitte einen Facharzt für eine Diagnose auf.	Bitte suchen Sie einen Facharzt für eine Diagnose auf.	Bitte suchen Sie dringend einen Facharzt für eine Diagnose auf. Wenn nötig, lassen Sie sich dabei helfen.

Ich empfehle Ihnen, Ihren Hausarzt oder einen Psychiater für eine Diagnoseerstellung aufzusuchen, wenn Sie es nach Durchführung des Selbsttestes für möglich oder wahrscheinlich erachten, an einer Depression erkrankt zu sein.

Wie können nahestehende Menschen helfen?

Huub Buijsen, klinischer Psychologe, empfiehlt in seinem Ratgeber für Familie und Freunde von Depressiven, den Kontakt zum Depressiven zu halten, nicht zu urteilen, die Partnerbeziehung zu pflegen, den Alkoholkonsum zu begrenzen, die bisherige Lebensweise aufrechtzuerhalten und den Depressiven bei der Behandlung zu unterstützen.[44] Meine Erfahrung und die meiner Mitpatienten ist, dass vor allem eines hilft: liebe- und verständnisvoll das gemeinsame bisherige Leben, sofern möglich und so gut es geht fortführen.

Wie Sie den Depressiven ansprechen und ihm helfen können, hängt stark von der jeweiligen Beziehung und dem individuellen Kommunikationsstil ab.

---

[44] Huub Buijssen, DEPRESSION, Helfen und sich nicht verlieren, Ein Ratgeber für Freunde und Familie, 2010, Beltz Verlag, ISBN 978-3-407-85919-8

Wie heilt man eine Depression?

Was hilft?

Im Folgenden werden eine ganze Reihe von nachweislich wirkungsvollen Behandlungsmethoden vorgestellt. Hierzu gehören die klassischen Behandlungsmethoden *antidepressive Medikamente* und *Psychotherapie*, aber auch neuere Behandlungsmethoden wie Sport, Yoga, Akupunktur und Ähnliches. Auch die Bedeutung von Ernährung und Licht wird erläutert.

Betrachten Sie Depressionen wie andere Krankheiten auch: Sie brauchen einen Experten für eine Diagnose. In der akuten Krankheitsphase, insbesondere bei schweren Depressionen, ist es hilfreich, alle nachweislich erfolgreichen Heilungsmethoden stetig und konsequent anzuwenden.

Da Depressionen auf einer individuellen Überforderung der Resilienz eines Menschen beruhen, gibt es zwei Behandlungsrichtungen (auch gemeinsam anwendbar), um die Überforderung abzubauen und somit die Depressionen zu heilen:
- Die individuellen Belastungen des Lebens reduzieren oder
- die Resilienz (Widerstandskraft gegen Depressionen) erhöhen.

Die nachfolgend vorgestellten Therapien und Behandlungsmethoden zielen darauf ab, die Resilienz zu erhöhen.

Bewegung und Sport

Körperliche Betätigung hat sich als sehr wirkungsvoll bei der Behandlung von Depressionen erwiesen. Insbesondere Ausdauertraining bewirkt gute Ergebnisse.[45]

Spaziergänge

Bereits Spaziergänge sind geeignet, zur Heilung beizutragen,[46] idealerweise 20 – 30 Minuten täglich. Die Wirkung von Spaziergängen ist sogar vergleichbar mit der guten Wirkung anderer Sportarten.[47] Beim Spazierengehen erhält der Depressive auch zusätzliches Tageslicht.

Spaziergänge empfehlen sich insbesondere dann, wenn es leichter fällt Spazieren zu gehen, als eine Sportart auszuüben. Vielen Depressiven fehlt der innere Antrieb für Sport, zum Spazierengehen können sie sich jedoch üblicherweise aufraffen.

---

[45] http://www.aerztezeitung.de/medizin/krankheiten/neuro-psychi
atrische_krankheiten/depressionen/article/850155/depressionen-
sport-hilft-antidepressivum.html
[46] http://health.howstuffworks.com/wellness/diet-fitness/exercise/
benefits-of-walking6.htm
[47] http://www.mensfitness.com/weight-loss/burn-fat-fast/walk-
depression

Mir persönlich haben Spaziergänge sehr geholfen. Ich nutze Spaziergänge nach wie vor zur generellen Vorbeugung von Rückfällen und als Akutmaßnahme.

Spaziergänge haben sich als effektiv erwiesen bei der Depressionsbehandlung – am besten mit viel Sonnenlicht in schöner Landschaft.

Nordic Walking

Nordic Walking ermöglicht dem Depressiven eine sportliche Anstrengung, die üblicherweise oberhalb vom Spazierengehen und unterhalb anderer Ausdauersportarten liegt.[48]

Ausdauersportarten

Besonders geeignet sind Ausdauersportarten wie Joggen, Radfahren, Schwimmen oder ähnliche.[49] Zielführend ist regelmäßiger Sport ohne Überlas-

---

[48] https://www.ncbi.nlm.nih.gov/pubmed/19065108
[49] http://www.depression-therapie-forschung.de/ausdauer training.html

tung, das bedeutet beispielsweise drei- bis fünfmal die Woche 20 – 45 Minuten Ausdauersport.

Um eine Überlastung zu vermeiden, empfiehlt sich mit maximal 70 Prozent des Maximalpulses zu trainieren. Eine einfache Faustformel zur Ermittlung des Maximalpulses ist: 220 abzüglich Alter in Jahren. Entsprechend hat ein 40-Jähriger einen Maximalpuls von ca. 180 Schlägen pro Minute. 70 Prozent entsprechen also einem Puls von 126 Schlägen pro Minute. Der Puls kann am besten mit einer Pulsuhr überprüft werden oder pragmatisch eingehalten werden, indem man so trainiert, dass man während des Trainings jederzeit ohne Atemknappheit sprechen kann.

Andere Sportarten

Jede Sportart, zu der der Depressive sich motivieren kann, ist positiv. Bewegung ist sehr gut geeignet, Depressionen zu lindern oder zu heilen und somit die Lebensqualität zu erhöhen.

Psychotherapie

Ziel der Psychotherapie ist es, die Resilienz des Depressiven zu erhöhen. Dies kann durch Verhaltensänderung, Änderungen im Denken und Empfinden sowie ein erhöhtes Verständnis der individuellen Situation erreicht werden. Es gibt sechs wissenschaftlich anerkannte Formen der Psychotherapie: *Verhaltenstherapie, analytische und tiefenpsychologisch fundierte Psychotherapie, Gesprächspsychotherapie, systemische Therapie* und *Hypnotherapie.* Allerdings werden derzeit nur die ersten drei von den gesetzlichen Krankenkassen erstattet oder bezuschusst.[50]

In einer Psychotherapie kann man viel Interessantes und Zielführendes über sich und seine Mitmenschen lernen. Förderlich ist die Bereitschaft sich selbst zu erforschen, um sich neu kennen und schätzen zu lernen – mit Offenheit und Neugier.

Folgende Kriterien sind wichtig bei der Auswahl eines Psychotherapeuten:
- Es ist ein Therapieplatz vorhanden.
- Die Krankenkasse übernimmt die Therapiekosten oder der Patient kann diese selbst begleichen.
- Die persönliche Chemie stimmt, d. h. es herrschen Vertrauen und Sympathie gegenüber dem Therapeuten.
- Der Therapeut hat Erfahrung mit depressiven Patienten.
- Die Praxis des Therapeuten ist leicht zu erreichen.
- Die Therapieform entspricht den Bedürfnissen des Depressiven.

---

[50] http://www.bptk.de/patienten/wege-zur-psychotherapie/wer-uebernimmt-die-kosten.html

Besprechen Sie mit Ihrem Arzt, welche Therapeuten über die obigen Voraussetzungen verfügen. Klären Sie telefonisch mit den infrage kommenden Therapeuten die Verfügbarkeit eines Therapieplatzes ab und vereinbaren Sie gegebenenfalls einen Probetermin.

Patient und Therapeut haben das Recht auf Probetermine. Sie dienen dem gegenseitigen Kennenlernen und der Festlegung auf ein Therapieziel. Die gesetzlichen Kassen zahlen bis zu fünf dieser Sitzungen, bei der analytischen Psychotherapie bis zu acht. Voraussetzung ist, dass der Therapeut über eine Kassenzulassung verfügt. Die Probesitzungen können bei unterschiedlichen Therapeuten stattfinden.

Klären Sie mit Ihrer Krankenkasse die Kostenübernahme. Dies ist üblicherweise schnell telefonisch oder per Mail zu erledigen.

Finden Sie in den Probeterminen heraus, ob die Chemie zum Therapeuten stimmt, welche Erfahrungen er oder sie mit depressiven Patienten hat und ob Sie die Praxis leicht erreichen können.

Welche Therapieform sich jeweils eignet, hängt von den individuellen Voraussetzungen des Betroffenen ab, von Schwere und Umfang der Depression und vom Leidensdruck.

Für den Heilungserfolg müssen Sie selbst aktiv mitarbeiten, vor allem an sich selbst. Das gilt für alle im Folgenden vorgestellten psychotherapeutischen Verfahren.

Das wesentliche Ziel der Psychotherapie ist es, Ihr Empfinden zu verstehen und emotional zu erkennen und bei Bedarf zu verändern. Hierbei ist das Verständnis meist relativ leicht zu erreichen. Die Veränderung der Emotionen ist die größere Herausforderung. Ist das rationale und emotionale Verständnis zu einem Thema erreicht, kann es gelingen, das emotionale Empfinden zu diesem Thema zu ändern. Auf diesem Wege wird eine höhere Resilienz gegen Depressionen erzielt.

Ein weiteres Ziel der Psychotherapie ist es, Verhaltensweisen so zu verändern, dass persönliche Belastungen abgebaut werden.

Verhaltenstherapie

Die Grundidee der Verhaltenstherapie ist: Aktuelle Leiden beruhen zum Teil auf eingefahrenen Vorstellungen und Reaktionsmustern, die die Betroffenen im Laufe des Lebens herausgebildet haben. Diese lassen sich jedoch wieder ändern. Im Mittelpunkt steht, dem Patienten (nach Einsicht in Ursachen und Entstehungsgeschichte seiner Probleme) Methoden an die Hand zu geben, die ihn ermächtigen sollen, seine Depressionen zu bewältigen. Bei der Verhaltenstherapie steht weniger die Vergangenheit, sondern das gegenwärtige Erleben und Verhalten des Patienten im Mittelpunkt der Behandlung. Dabei analysieren Therapeut und Patient gemeinsam das Problem und erarbeiten neue Verhaltensmöglichkeiten. Dazu sind eine hohe Eigenmotivation und die Bereitschaft notwendig, im Alltag aktiv an der Lösung der eigenen Probleme zu arbeiten.[51]

Aus meiner persönlichen Erfahrung und aus Berichten anderer Patienten weiß ich, dass die Verhaltenstherapie oft einen sehr guten Heilungserfolg bewirkt, was auch diverse Studien bestätigen.[52] Die simple Formel *Anderes Verhalten erzeugt anderes Empfinden* scheint für die Mehrzahl der Patienten zuzutreffen.

Analytische Psychotherapie

Die analytische Psychotherapie geht auf Sigmund Freud zurück, Begründer der Psychoanalyse. Die Annahme ist, dass Menschen im Laufe ihrer Entwicklung – insbesondere in der Kindheit – be-

---

[51] https://www.neurologen-und-psychiater-im-netz.org/psychiatrie-psychosomatik-psychotherapie/therapie/psychotherapie/verhaltenstherapie/
[52] https://www.aerzteblatt.de/nachrichten/65358/Depression-Kognitive-Verhaltenstherapie-langfristig-wirksam-und-kosten effektiv und http://www.uni-mainz.de/presse/37415.php sowie https://link.springer.com/article/10.1007/s00391-004-0262-x und weitere

stimmte Prägungen erfahren. Diese Prägungen beeinflussen, wie man mit Herausforderungen oder Konflikten umgeht. Psychische Erkrankungen können das Ergebnis nicht bewältigter Entwicklungsschritte aber auch innerer Konflikte oder traumatischer Erlebnisse sein.

Der Therapeut nimmt bei der Behandlung eine neutrale Rolle ein. Seine Aufgabe besteht darin, dem Patienten das Verdrängte bewusst zu machen. Auf Patientenseite erfordert das Verfahren eine hohe Bereitschaft in sich selbst hineinzusehen und die eigenen Gefühle zu beschreiben. Sitzungen finden etwa zwei- bis viermal pro Woche statt.

Die analytische Psychotherapie kann trotz der sehr häufigen Sitzungen viele Jahre in Anspruch nehmen.[53]

Viele Patienten berichten, dass die analytische Psychotherapie Verständnis für die Ursachen der Depressionen gebracht hat, was eine gute Grundlage für andere, weiterführende Psychotherapien sein kann. Die analytische Psychotherapie selbst leistet meiner Beobachtung nach jedoch oftmals wenig Beitrag für die deutliche Verbesserung der Lebensqualität von Depressiven. Vielmehr liefert sie meist eine große persönliche Entstehungsgeschichte der Depressionen, die leider oft zum Anlass genommen wird, Schuldige der Vergangenheit

---

[53] https://de.m.wikipedia.org/wiki/Analytische_Psychotherapie

zu benennen und im Hier und Jetzt wenig bis gar nichts an seinem Zustand zu ändern. Aufgrund dieser Ergebnisse und des hohen Aufwandes von oftmals mehreren Sitzungen wöchentlich über mehrere Jahre ist die analytische Psychotherapie vielfach nicht effektiv.

Tiefenpsychologisch fundierte Psychotherapie

Beim tiefenpsychologischen Verfahren richtet sich der Blick auf das unbewusste Erleben und Verhalten des Patienten – ähnlich wie bei der Psychoanalyse, aus der es sich entwickelt hat. Nicht gelöste innere Konflikte oder Traumata bestehen bis in die Gegenwart fort, so die These, und verursachen dort die psychischen Leiden. Das Wort *tief* hat eine doppelte Bedeutung: Es bezieht sich sowohl auf die zeitliche Dimension als auch auf die Tiefe der psychischen Prozesse.

Obwohl die Ursache für psychische Leiden in der Vergangenheit vermutet wird, steht diese nicht per se bei der Behandlung im Vordergrund. Trotz des gleichen theoretischen Hintergrunds wie bei der analytischen Psychotherapie gibt es einige Unterschiede zwischen den beiden Verfahren. Der Therapeut und der Patient sitzen sich meist gegenüber und haben Blickkontakt. Auch das Ziel der Therapie ist ein anderes: Während die analytische Psychotherapie eher auf eine ganzheitliche Veränderung problematischer Muster abzielt, konzentriert sich der tiefenpsychologische Ansatz auf die Lösung der konkreten Problemstellungen. Sitzungen finden etwa einmal pro Woche statt.[54]

Der Vorteil der tiefenpsychologisch fundierten Psychotherapie liegt in der Kombination von Vergangenheits- und Ursachenbetrachtung sowie der Lösung konkreter Problemstellungen.

Gesprächspsychotherapie

Dieses Verfahren arbeitet mit der Annahme, dass jeder Mensch eine Tendenz zu einer positiven Entwicklung besitzt, wenn die natürlichen Wachstumskräfte nicht von außen in ihrer Entfaltung gestört werden. Besonders wichtig für das Verfahren sind eine enge Beziehung und ein gutes Vertrauensverhältnis zwischen Patient und Therapeut, damit sie im Dialog die Probleme klären können.

Auf Therapeutenseite sind Empathie, Wertschätzung für die Person des Patienten und Authentizität wichtig. Ausgangspunkt der Behandlung ist die aktuelle Lebenssituation des Betroffenen; nur bei

---

[54] https://www.neurologen-und-psychiater-im-netz.org/psychiatrie-psychosomatik-psychotherapie/therapie/psychotherapie/tiefen psychologisch-fundierte-dynamische-psychotherapie/, https://de.m.wikipedia.org/wiki/Tiefenpsychologisch_fundierte_Ps ychotherapie

Bedarf erforschen die Beteiligten auch die Vergangenheit des Patienten.

Die Gesprächspsychotherapie ist wissenschaftlich anerkannt, wurde aber von den gesetzlichen Krankenkassen noch nicht als erstattungsfähig eingestuft.[55]

Systemische Psychotherapie

Unter diesen Begriff fällt eine Vielzahl von therapeutischen Verfahren, die unabhängig voneinander entstanden sind, dementsprechend gibt es keinen einheitlichen Therapieablauf. Gemeinsam ist den Verfahren allerdings, dass nicht nur der Patient im Mittelpunkt steht, sondern sein gesamtes soziales Umfeld einbezogen wird, beispielsweise seine Familie und andere wichtige Bezugspersonen. Daher auch der Name *systemisch*.

Die Ursache für psychische Probleme vermuten systemische Ansätze in gestörten Beziehungs- und Kommunikationsstrukturen zwischen den beteiligten Personen. Der Therapeut versucht mit dem Patienten die Verhaltensweisen zu optimieren. Dabei kommen unterschiedliche Methoden zum Einsatz: Neben Einzelgesprächen sind Fragen in der gemeinsamen Runde üblich, bei denen Beteiligte ihre Sicht über den Stand der Beziehungen darlegen und diese zur Diskussion stellen. Ziel ist

---

[55] https://de.m.wikipedia.org/wiki/Klientenzentrierte_Psychotherapie

es, die Probleme durch bereits bestehende, aber versteckte Ressourcen und Fähigkeiten des Patienten zu lösen.

Systemisch arbeiten lässt sich in Einzel-, Paar-, Familien- und Gruppentherapien.

Die systemische Psychotherapie ist seit Dezember 2008 in Deutschland wissenschaftlich anerkannt, die gesetzlichen Krankenkassen übernehmen die Kosten jedoch nicht. In der Regel fallen weniger Sitzungen an als bei anderen Verfahren.[56]

Meines Erachtens ist die systemische Psychotherapie deshalb interessant, weil der Großteil menschlichen Verhaltens in Wechselbeziehungen mit anderen Menschen stattfindet, eben in Systemen.

Hypnotherapie

Die Hypnotherapie kann für diverse Krankheitsbilder und auch Suchtbehandlungen geeignet sein. Depressionen gehören zu den Krankheiten, die sich mit Hypnotherapie gut behandeln lassen.[57]

Zu Beginn der Hypnotherapie versetzt der Therapeut den Patienten in Hypnose beziehungsweise hypnotische Trance. Die hypnotische Trance ist ein

---

[56] https://de.m.wikipedia.org/wiki/Systemische_Therapie
[57] http://www.dgh-hypnose.de/hypnose-und-hypnotherapie.html
und https://de.m.wikipedia.org/wiki/Hypnotherapie

Wachzustand, bei dem der Patient besonderen Zugriff auf sein Unterbewusstsein hat – sowohl um Erkenntnisse aus dem Unterbewusstsein zu ziehen als auch um neue Gedanken, Emotionen und Handlungsmöglichkeiten im Unterbewusstsein zu verankern.

Meine persönliche Erfahrung mit Hypnotherapie ist sehr gut. Der besondere Zugriff auf das Unterbewusstsein ist meines Erachtens der große Vorteil dieser Methode. Insbesondere bei der Veränderung von Emotionen hat die Hypnotherapie mir sehr gute Dienste geleistet.

Familienaufstellung

Die Familienaufstellung ist keine selbstständige Psychotherapie, sondern eine Technik. Diese kann im Rahmen von Psychotherapie, meist bei der systemischen Psychotherapie, angewendet werden.
Die aktuelle Familie sowie die Ursprungsfamilie sind oftmals die wesentlichen Beziehungssysteme eines Menschen. Eine Familienaufstellung kann mit Symbolen oder Menschen als Stellvertretern für die Familienmitglieder vorgenommen werden. Ziel ist es, ein genaues rationales und emotionales Verständnis der Beziehungen zwischen den Familienmitgliedern zu erhalten. Hierzu werden primär die Intuition und das Unterbewusstsein eingesetzt.

Es gibt auch außerhalb der Psychotherapie Anbieter für Familienaufstellungen, die oft mit Menschen als Stellvertretern für die Familienmitglieder arbeiten. Dies ist einerseits sehr interessant, da meiner Erfahrung nach dabei besonders tiefe Einsichten entstehen können. Andererseits arbeiten diese Anbieter von Familienaufstellungen meist ohne Standards und ohne über die Familienaufstellung hinausgehende psychologische und psychiatrische Kenntnisse. Persönlich habe ich zudem erlebt, wie ein Aufsteller äußerst manipulativ zum Nachteil einer Patientin in eine Aufstellung eingegriffen hat. Daher lautet meine Empfehlung zu den Familienaufstellern außerhalb der Psychotherapie, diese entweder nur im psychisch gesunden Zustand oder in Absprache und unter Betreuung, beziehungsweise mit Vor- und Nachbereitung, Ihres Psychotherapeuten zu besuchen.

Im Rahmen der Psychotherapie ist die Familienaufstellung ein sehr gutes Verfahren, um über die Wirkweise des Familiensystems und Beziehungen zu wesentlichen sonstigen Bezugspersonen mehr Klarheit zu gewinnen.

	Vorteile	Nachteile	Kosten-übernah-me	Einschät-zung
Verhaltens-therapie	Fokussiert auf das aktuelle Verhalten nachweis-lich gute Heilungs-erfolge	wenig Vergangen-heitsaufar-beitung	gesetzliche Kassen überneh-men die Kosten Privatkas-sen je nach Tarif	Aufgrund der sehr gut nachgewie-senen Heilungs-erfolge ist die Verhal-tensther-apie meist **erste Wahl**.
Analytische Psychothe-rapie	Fokussiert auf Auf-arbeitung von Kind-heit und Jugend	wenig Fokus auf das aktuelle Leben und Verhalten zeitaufwän-dig	gesetzliche Kassen überneh-men die Kosten Privatkas-sen je nach Tarif	Wenn vermutet wird, dass die Vulne-rabilität eines Depressi-ven primär in der Vergangen-heit be-gründet liegt, ist die analytische Psychothe-rapie eine **gute Wahl**.
Tiefenpsy-chologisch fundierte Psychothe-rapie	Fokussiert auf Auf-arbeitung von Kind-heit und Jugend Zielt auch auf aktuelle Verhaltens-änderungen	keine Kosten-übernahme der gesetz-lichen Kranken-kassen	gesetzliche Kassen überneh-men die Kosten Privatkas-sen je nach Tarif	Eine **sehr gute Wahl** für Vergan-genheits-aufarbei-tung und aktuelle Verhaltens-änderun-gen.

	Vorteile	Nachteile	Kosten-übernahme	Einschätzung
Gesprächs-psychothe-rapie	Fokussiert auf die aktuelle Lebenssituation des Depressiven bei Bedarf wird die Vergangenheit einbezogen	keine Kosten-übernahme der gesetzlichen Krankenkassen	gesetzliche Kassen übernehmen die Kosten nicht Privatkassen je nach Tarif	Da die gesetzlichen Kassen die Kosten nicht übernehmen und keine wesentlichen Vorteile bestehen, **meist letzte Wahl**.
Systemische Psychotherapie	Fokussiert auf die wesentlichen zwischenmenschlichen Beziehungssysteme einer Depression zeiteffizient	-keine Kosten-übernahme der gesetzlichen Krankenkassen	gesetzliche Kassen übernehmen die Kosten nicht Privatkassen je nach Tarif	Wenn vermutet wird, dass die Belastungen eines Depressiven primär in den zwischenmenschlichen Beziehungen begründet liegt, ist die systemische Psychotherapie eine **sehr gute Wahl**.
Hypnothe-rapie	Fokussiert auf das ansonsten schwierig zu erreichende Unterbewusstsein		gesetzliche Kassen übernehmen die Kosten nicht Privatkassen je nach Tarif	Für die emotionale Weiterentwicklung eine **sehr gute Wahl**.

Antidepressiva

Es gibt heutzutage eine Vielzahl hilfreicher Medikamente gegen Depressionen, sogenannte Antidepressiva, die oftmals hochwirksam sind. Antidepressiva erzeugen keine Rauschzustände (Ausnahme: Ketamin) und entsprechend auch keine Abhängigkeit. Dennoch gibt es in der Öffentlichkeit oftmals Vorbehalte gegen Antidepressiva. Diese Vorbehalte stellen sich bei näherer Betrachtung im Wesentlichen als unbegründet heraus – vor allem bei schweren Depressionen, wie die folgenden Informationen zu Antidepressiva zeigen werden. Antidepressiva haben wie die meisten Medikamente eine gewünschte Hauptwirkung und mögliche unerwünschte Nebenwirkungen.

Hauptwirkung von Antidepressiva

Die Hauptwirkung von Antidepressiva ist der idealerweise vollständige Rückgang der Depressionen. Diese Hauptwirkung wird durch eine Verbesserung der Signalübertragung zwischen den Nervenzellen im Gehirn erreicht.[58]

Diese Hauptwirkung benötigt ab dem Beginn der Medikamenteneinnahme bis zu mehreren Wochen für ihren vollständigen Eintritt.

Insbesondere bei schweren Depressionen mit Selbstmordneigung empfiehlt sich aufgrund des Todesfallrisikos die Einnahme von Antidepressiva,

---

[58] http://www.netdoktor.at/therapie/antidepressiva-8588

die nachgewiesenermaßen Selbstmordneigungen wirksam reduzieren oder abbauen, bis dato insbesondere Lithium.

Die verschiedenen Antidepressiva

Wiederaufnahmehemmer

Die verschiedenen Wiederaufnahmehemmer zielen darauf ab, die Botenstoffkonzentration im synaptischen Spalt zwischen den Hirnzellen zu erhöhen, indem deren Abbau gehemmt wird. Somit wird die Depression gemindert oder geheilt. Da die meisten Wiederaufnahmehemmer sehr gezielt wirken, sind sie meist nebenwirkungsärmer als die älteren trizyklischen oder tetrazyklischen Antidepressiva.

- Serotonin-Wiederaufnahmehemmer (SSRI)
  Sie hemmen die Wiederaufnahme von Serotonin aus dem synaptischen Spalt in die Hirnzelle.[59] Auf diese Weise wird eine erhöhte Konzentration des Botenstoffs Serotonin im synaptischen Spalt erzeugt. Dies entfaltet die antidepressive Wirkung.

- Serotonin-Noradrenalin-
  Wiederaufnahmehemmer
  Diese hemmen neben der Aufnahme von Serotonin auch die Aufnahme von Noradrenalin in

---

[59] http://flexikon.doccheck.com/de/Selektive_Serotonin-Wiederaufnahme-Hemmer

die Hirnzellen, sodass in Folge die beiden Botenstoffe Serotonin und Noradrenalin im synaptischen Spalt höher konzentriert sind. Die antidepressive Wirkung entsteht durch diese erhöhte Botenstoffkonzentration im synaptischen Spalt.[60]

- Dopamin-Wiederaufnahmehemmer
  Sie hemmen die Wiederaufnahme des Botenstoffs Dopamin in die Hirnzelle und erhöhen so die Dopaminkonzentration im synaptischen Spalt, was eine antidepressive Wirkung entfaltet.[61]

Trizyklische und tetrazyklische Antidepressiva
Antidepressiva dieser Wirkweise gehören zu den älteren Antidepressiva. Sie wirken stark stimmungsaufhellend durch eine erhöhte Konzentration der Botenstoffe Serotonin, Noradrenalin und Dopamin. Meist erzeugen trizyklische Antidepressiva mehr Nebenwirkungen als die oben beschriebenen Wiederaufnahmehemmer. Daher werden trizyklische und tetrazyklische Antidepressiva heutzutage primär dann eingesetzt, wenn eine Einnahme von Wiederaufnahmehemmern nicht den gewünschten Erfolg gezeigt hat.[62]

---

[60] https://de.m.wikipedia.org/wiki/Serotonin-Noradrenalin-Wieder aufnahmehemmer
[61] https://de.m.wikipedia.org/wiki/Dopamin-Wiederaufnahmehemmer
[62] https://de.m.wikipedia.org/wiki/Trizyklisches_Antidepressivum

Bei der Auswahl des konkreten Antidepressivums dieser Gruppe ist darauf zu achten, das man das Medikament mit der individuell geeigneten Antriebswirkung auswählt. Einige trizyklische und tetrazyklische Antidepressiva wirken antriebssteigernd, andere antriebsdämpfend und andere neutral.[63]

Lithium

Bei der unipolaren Depression ist Lithium insbesondere zur Vorbeugung von Selbstmorden geeignet. Aufgrund der hohen Anzahl von Selbstmorden in Deutschland[64], die mehrheitlich auf schwere Depressionen zurückgeführt werden, empfehle ich, jedwede Selbstmordneigung unmittelbar mit einem Arzt zu besprechen und gegebenenfalls behandeln zu lassen.

Lithium hat nachweislich eine selbstmordverhütende Wirkung und ist in Deutschland unter den Handelsnamen *Hypnorex, Lithiofor, Quilonum, Quilonum retard* und *Quilonorm* als verschreibungspflichtiges Medikament verfügbar.

Lithium wirkt gut, wenn ein gleichmäßiger, nicht zu hoher Lithiumspiegel im Blut aufgebaut wird. Dieser Lithiumspiegel sollte regelmäßig ärztlich überprüft werden.

---

[63] http://www.onmeda.de/Wirkstoffgruppe/tri-+und+tetrazykli sche+Antidepressiva.html
[64] https://de.statista.com/statistik/daten/studie/583/umfrage/sterbe faelle-durch-vorsaetzliche-selbstbeschaedigung/

Ketamin

Ketamin erzeugt eine antidepressive Wirkung, indem es die AMPA-Aufnahme in die Hirnzellen verbessert. Zusätzlich weist Ketamin eine Rauschwirkung auf, die es für Drogenmissbrauch anfällig macht, daher ist Ketamin beispielsweise in Großbritannien verboten.

Forscher haben erste Erkenntnisse, dass sich die antidepressive Wirkung von der Rauschwirkung voraussichtlich trennen lässt. Sollte diese Trennung gelingen, kann sich Ketamin zu einem guten Antidepressivum entwickeln. Ein wesentlicher Vorteil von Ketamin gegenüber anderen Antidepressiva ist die nahezu sofortige Wirkung.[65]

Einhaltung der Therapie (Compliance)

Der medizinische Fachbegriff für die Einhaltung einer Therapie lautet *Compliance*. Zur Compliance zählen alle Therapiemaßnahmen, somit auch die Medikamententherapie.

Es empfiehlt sich, die Medikamente so einzunehmen, wie vom Arzt verschrieben. Antidepressiva brauchen oftmals mehrere Wochen, um die gewünschte Wirkung zu erzielen. Ebenso können die meisten Antidepressiva nicht einfach abgesetzt werden, sondern müssen ausgeschlichen werden, damit keine Absetzsymptome entstehen.

---

[65] https://www.aerzteblatt.de/nachrichten/66592/Wie-Ketamin-Depressionen-behebt

Gewünschte Änderungen der Medikamenteneinnahme sollten daher mit dem Arzt abgestimmt werden.

Nebenwirkungen

Nebenwirkungen sind Wirkungen eines Medikaments, die neben der Hauptwirkung eintreten können.

Jedes Antidepressivum weist eigene Nebenwirkungen mit eigener Eintrittswahrscheinlichkeit auf. Idealerweise finden Sie mit Ihrem Arzt ein Antidepressivum, das bei Ihnen eine gute Hauptwirkung bei geringen oder gar keinen Nebenwirkungen erzielt. Da jeder Mensch unterschiedlich und nicht vorhersagbar auf Antidepressiva reagiert, können einige Medikamentenwechsel notwendig sein, bis ein bei Ihnen individuell gut wirkendes Medikament mit geringen oder keinen Nebenwirkungen gefunden ist.

Umgang mit Nebenwirkungen

Das vorrangige Ziel einer Behandlung mit Antidepressiva ist die Hauptwirkung in Form teilweiser oder vollständiger Heilung der Depressionen.

Da Nebenwirkungen dem Placeboeffekt (Noceboeffekt) unterliegen[66], empfiehlt es sich für den Patienten, sich nicht über die Nebenwirkungen zu informieren, weil dies die Eintrittswahrscheinlich-

---

[66] https://de.m.wikipedia.org/wiki/Nocebo-Effekt

keit der Nebenwirkungen erhöht. Stattdessen empfiehlt es sich, das Überwachen der Nebenwirkungen dem Arzt zu überlassen und ihn lediglich über auftretende Symptome zu informieren.

Ist die Hauptwirkung erreicht und es sind Nebenwirkungen aufgetreten, können Sie gemeinsam mit Ihrem Arzt die Medikation so verändern, dass die Nebenwirkungen abnehmen und im Idealfall ganz verschwinden. Hierzu kann die Dosierung des verwendeten Medikamentes behutsam verändert oder das Medikament gewechselt werden.

Selbstverständlich muss gut darauf geachtet werden, dass die Hauptwirkung bei diesen Veränderungen der Medikation erhalten bleibt.

Wechselwirkungen mit anderen Medikamenten

Antidepressiva weisen oftmals Wechselwirkungen mit anderen Medikamenten auf. Beispielsweise heben einige Schmerzmittel die Wirkung von bestimmten Antidepressiva auf. Einige Antidepressiva können als Nebenwirkung die Sehfähigkeit einschränken. Darüber hinaus gibt es viele weitere Wechselwirkungen und Nebenwirkungen.

Hierzu zwei Beispiele:
Meinem Kieferorthopäden lag meine Schmerzfreiheit nach einer Weisheitszahnoperation sehr am Herzen, sodass er mir ein starkes Schmerzmittel verschrieb. Über meine Depressionen und meine

Einnahme von Antidepressiva war er informiert. Eine Woche lang verbrachte ich daraufhin mit deutlicher Selbstmordneigung, die ich vorher und nachher nicht hatte. Meine Psychiaterin verschrieb mir nach Kenntnis der Selbstmordneigung und Schmerzmitteleinnahme umgehend ein anderes Schmerzmedikament und die Selbstmordneigung verschwand wieder. Meine Selbstmordneigung war also durch die Wechselwirkung des vom Kieferorthopäden verschriebenen Schmerzmittels mit meinem Antidepressivum verursacht worden. Die suizidverhütende Wirkung meines Antidepressivums wurde durch das Schmerzmittel aufgehoben.

Mein Augenarzt wollte mir eine Brille verschreiben, da ich eine leichte Weitsichtigkeit entwickelt hatte. Ich fragte ihn, ob die Weitsichtigkeit durch meine Einnahme von Antidepressiva verursacht sein könne, was er verneinte. Ich bekam also eine Lesebrille. Ein paar Monate später wechselte ich in Absprache mit meiner Psychiaterin das Antidepressivum aus, um einige andere Nebenwirkungen loszuwerden. Daraufhin verschwand auch meine Weitsichtigkeit und ich habe mehrere Jahre lang keine Brille benötigt. Entgegen der Aussage des Augenarztes hatte sich die Weitsichtigkeit eben doch als Nebenwirkung des abgesetzten Antidepressivums herausgestellt.

Eine Vielzahl von Gesprächen mit anderen Patienten legen den Schluss nahe, dass Wechselwirkungen im Medizinwesen – ebenso wie in den Beispielen – leider oft nicht oder unzureichend berücksichtigt werden. Daher lautet die Empfehlung zum Thema Wechselwirkungen:

- Vor jeder Medikamenteneinnahme Rücksprache mit dem Arzt halten, der Ihnen Ihr Antidepressivum verschrieben hat und
- selbstständig im Internet oder auf dem Beipackzettel mögliche Wechselwirkungen nachlesen.

Es geht hierbei um jede Medikamenteneinnahme – um verschreibungspflichtige und nicht verschreibungspflichtige Medikamente.

Fragen Sie zudem explizit Ihren Arzt und Apotheker nach möglichen Wechselwirkungen. Wenn Wechselwirkungen bekannt sind, fragen Sie nach einem Alternativmedikament ohne Wechselwirkungen.

Wann sind Antidepressiva sinnvoll?

Antidepressiva sind verschreibungspflichtige Medikamente. Entsprechend sollte die Einnahme von Antidepressiva nur nach Verschreibung durch Hausarzt oder Psychiater erfolgen.

Die folgende Tabelle gibt eine Übersicht, in welchem Fall Antidepressiva sinnvoll sind.

	Schwere Depressionen	Mittlere Depressionen	Leichte Depressionen	Selbstmordneigung
Beurteilung	Der Vorteil der Wirkung überwiegt meist die Nachteile der Nebenwirkungen, daher:	Der Vorteil der Wirkung muss mit den Nachteilen der Nebenwirkungen abgewogen werden:	Die Nachteile der Nebenwirkungen überwiegen meist die Vorteile der Wirkung:	Lithium oder ein anderes selbstmordverhütendes Medikament einnehmen:
Empfehlung	Antidepressiva empfohlen	Antidepressiva oft sinnvoll	Meist keine Antidepressiva empfohlen	Antidepressiva, insb. Lithium, mit selbstmordverhütender Wirkung dringend empfohlen!

Licht

Insbesondere die saisonale Depression, im Volksmund *Winterdepression* genannt, lässt sich mit Licht gut heilen. Ausreichend starke Lichtquellen sind die Sonne und Tageslichtlampen. Ziel ist es, die Depressionen durch die Wirkung des Lichts – insbesondere durch einen Anstieg des Vitamin-D-Spiegels – zu lindern.[67]

---

[67] https://www.gesundheit.de/medizin/behandlungen/moderne-

- Sonne

  In Deutschland ist die Sonne im Winter in aller Regel nicht ausreichend, um eine wesentliche Wirkung auf die Depressionen zu erzielen. Ein Urlaub in der Sonne kann kurzfristig eine Linderung ermöglichen, erzeugt jedoch keine dauerhafte Wirkung.

- Tageslichtlampen

  Hersteller wie *Philips* und andere bieten spezielle Tageslichtlampen mit großer Lichtstärke an (idealerweise mindestens 10.000 LUX). Diese können zum Aufwachen oder tagsüber für 20 – 30 Minuten eingesetzt werden. Die Lampen können parallel neben einer anderen Aktivität verwendet werden. Es ist darauf zu achten, das der Abstand zur Lichtlampe möglichst gleich bleibt, daher eignen sich als parallele Tätigkeiten Lesen, Computerarbeit oder Ähnliches.

  In vielen Fällen reicht die tägliche Lichtzufuhr einer Tageslichtlampe für eine deutliche Besserung der Symptome aus.[68]

- Vitamin D

  Die Lichtzufuhr erhöht unter anderem die Vitamin-D-Konzentration im Blut. Vielfach hat sich

---

therapien/lichttherapie-gegen-depressionen

[68] http://www.apotheken-umschau.de/Lichttherapie-bei-Depressionen

bei Depressiven daher auch die Einnahme von Vitamin D bewährt.[69]

Wasser

Das Wasser spielt in der Ernährung eine Rolle und beim Wiedererlangen des Wohlbefindens im Hier und Jetzt.

Täglich mindestens 1,5 Liter Wasser zu trinken, hat sich als allgemein gesundheitsförderlich und auch gut gegen Depressionen erwiesen.[70]

Schwimmen, Whirlpools, Badewanne, Heilbäder usw. können helfen, die Aufmerksamkeit in den aktuellen Moment zu bringen und somit die Achtsamkeit zu erhöhen – sehr hilfreich gegen Depressionen.[71]

Achtsamkeit

Mit Achtsamkeit ist die behutsame Aufmerksamkeit auf den aktuellen Augenblick gemeint. Der Begriff der *Achtsamkeit* wird sowohl in der buddhistischen Lehre, der Meditation als auch in der Psychotherapie verwendet.[72]

Studien zeigen, dass Achtsamkeit Depressionen heilt und die Rückfallwahrscheinlichkeit reduziert.[73] Achtsamkeit lässt sich üben und verbessern. Als Einstieg in das Achtsamkeitstraining eignen sich vor allem Meditation, Yoga, Tai Chi und Chi Gong. Wenn Sie in Achtsamkeit geübt sind, eignet sich jede Tätigkeit, die es Ihnen ermöglicht, Ihre Aufmerksamkeit ruhig und konzentriert in den aktuellen Moment zu bringen, als Achtsamkeitstraining.

Zum Thema *Achtsamkeit* gibt es auch eine ganze Reihe von Büchern und CDs, die Ihnen einen leichten Einstieg ermöglichen.

- Yoga
  Yogaübungen, sogenannte *Assanas*, haben sich als erfolgreiche Therapie bei Depressionen erwiesen.[74] Die Kombination aus Achtsamkeit, Konzentration auf den Atem und Übungen, die die Muskeln stärken und die Gelenkigkeit fördern, ist hilfreich bei Depressionen.
  Yogaanleitungen gibt es als Internetkurse, YouTube-Anleitungen, DVDs oder mit Trainer in einem Yoga- oder Fitnessstudio bzw. Sportverein.

---

[73] http://www.apa.org/monitor/2015/03/cover-mindfulness.aspx und http://www.independent.co.uk/news/science/mindfulness-therapy-depression-anti-depressants-mental-health-research-meditation-a7003546.html
[74] http://www.health.harvard.edu/mind-and-mood/yoga-for-anxiety-and-depression#

- Tai Chi

  Tai Chi ist eine aus China stammende Kampf-kunst, die heutzutage hauptsächlich als Bewegungsmeditation aufgefasst wird. Tai Chi dient der Gesundheit und der Persönlichkeitsentwicklung und hat sich als erfolgreich bei der Behandlung von Depressionen erwiesen.[75]

  Tai Chi kann in einer Tai-Chi-Schule erlernt werden oder per DVD oder YouTube-Anleitung.

- Chi Gong

  Chi Gong ist artverwandt mit dem Tai Chi. Vereinfacht kann man Chi Gong als sanftere Ausprägung des Tai Chi bezeichnen.

  Chi Gong kann in einer Chi-Gong-Schule erlernt werden, per DVD oder YouTube-Anleitung.

  Chi Gong hat mir insbesondere während der schweren depressiven Phasen geholfen und Freude bereitet.

Die folgende Tabelle zeigt, welche sportliche Anstrengung bei leichter, mittlerer und schwerer Depression sowie niedriger oder hoher Fitness geeignet sind.

---

[75] http://www.psychiatrictimes.com/depression/tai-chi-biological-treatment-depression

	Schwere Depressionen	Mittlere Depressionen	Leichte Depressionen
hohe Fitness	leichte Anstrengung, z. B.: - Spazierengehen - Nordic Walking - Tai Chi - Chigong	mittlere Anstrengung, z. B.: - Spazierengehen - Nordic Walking - Jogging - Yoga - Tai Chi - Chigong	mittlere bis hohe Anstrengung, z. B.: jede Sportart, die das Herzkreislaufsystem solide beansprucht und die der Depressive ausüben mag, ist geeignet.
niedrige Fitness	sehr leichte Anstrengung, z. B.: - langsames Spazierengehen - Chigong	leichte Anstrengung, z. B.: - Spazierengehen - Nordic Walking - Tai Chi - Chigong	mittlere Anstrengung, z. B.: - Spazierengehen - Nordic Walking - Jogging - Yoga - Tai Chi - Chigong

Meditation

Ein häufiges Symptom von Depressionen sind negative Gedanken, zwanghaftes Grübeln und Gedankenkreisen. In der Meditation lernt man, die eigenen Gedanken zu beobachten und zu erkennen, dass man nicht mit den Gedanken identisch ist, sondern dass man der Beobachter ist.

Dies ermöglicht es vielen Betroffenen, sich von den depressiven Gedanken zu lösen. Es gibt eine Vielzahl psychiatrischer Studien, die eine deutliche Verbesserung der depressiven Symptome durch Meditation nachweisen.[76]

Meditation am Strand

---

[76] http://www.health.harvard.edu/staying-healthy/what-meditation-can-do-for-your-mind-mood-and-health-,
https://www.forbes.com/sites/alicegwalton/2014/01/07/for-depression-treatment-meditation-might-rival-medication/#34a48c5d3b95

Mit Meditation zu beginnen ist sehr einfach. Sie können einfach eine Meditations-Audio-Datei im Internet als Download oder als CD kaufen, eine Meditations-App auf Ihr Smartphone laden oder an einer Gruppenmeditation teilnehmen. Einige geeignete Empfehlungen für Einsteiger:

- Meditation für Anfänger, Jack Kornfeld
  CD, bspw. verfügbar bei www.amazon.de
- https://www.headspace.com
  englischsprachige Smartphone App

Viele Meditierende berichten, dass sie die Meditation in der Gruppe als besonders leicht und angenehm empfinden. An vielen Orten gibt es lokale Angebote für Meditation in der Gruppe, die man gut im Internet finden kann.

Voraussetzung für die Meditation ist ein ruhiger Ort, an dem Sie für die Dauer der Meditation durch nichts gestört werden. Die Meditation kann im Sitzen oder Liegen durchgeführt werden. In beiden Fällen ist ein gerades Rückgrat wichtig. Darüber hinaus folgt man einfach den Anweisungen der CD, der App oder der Anleitung in der Gruppenmeditation.

Die Meditation entfaltet ihre Wirkung über Zeit. Idealerweise nimmt man sich täglich zwischen 10 und 45 Minuten für die Meditation und führt diese mindestens einen Monat, besser zwei bis drei Monate lang durch.

Sie werden die heilende Wirkung erleben.

Die Meditation hat mir, insbesondere nachdem meine schwere Depression bereits ein Stück weit abgeklungen war, sehr geholfen, mehr innere Ruhe aufzubauen.

Akupunktur
Eine Reihe von wissenschaftlichen Studien hat für die Akupunktur eine ähnlich gute Wirkung wie für Antidepressiva nachgewiesen.[77]
Die Akupunktur ist ein Teilgebiet der traditionellen chinesischen Medizin. Sie geht von der Lebensenergie des Körpers aus (Qi oder Chi), die auf definierten Leitbahnen zirkuliert und einen steuernden Einfluss auf alle Körperfunktionen hat. Ein gestörter Energiefluss wird für Erkrankungen verantwortlich gemacht. Durch Stiche in auf den Leitbahnen liegende Akupunkturpunkte soll die Störung im Fluss des Qi behoben werden.[78]
Eine gute Internetsuche für Akupunkteure finden Sie unter: www.agtcm.de

Ernährung
Wissenschaftliche Studien haben ergeben, dass man mit einer bestimmten Ernährung das Depres-

---

[77] https://www.scientificamerican.com/article/can-acupuncture-treat-depression/
[78] http://www.daegfa.de/PatientenPortal/Akupunktur.Wie_wirkt_Akupunktur.aspx

sionsrisiko senken kann.[79] Diese Ernährung ist reich an Omega-3-Fettsäuren und einfach ungesättigten Fettsäuren.

Um diese Fettsäuren in gutem Umfang zu sich zu nehmen, sollte die Ernährung reich an Fisch, Oliven, Obst, Gemüse und Nüssen sein.

Omega-3-Fettsäuren kann man auch als Nahrungsergänzungsmittel zu sich nehmen, wenn man keinen Fisch mag oder aus anderen Gründen selten isst.

Sonstiges

Es hilft sehr, sich wiederholt klarzumachen, dass Depression eine Krankheit ist. Alle Symptome der Depression sind durch die Depression verursacht. Sie sind nicht bleibend, sondern verschwinden mit der Heilung.

Depressionen sind wie eine schwarze Brille, die das ganze Leben dunkel und düster einfärbt. Es ist sehr hilfreich, sich persönlich und mit Hilfe eines Psychotherapeuten klarzumachen, wo man schwarz sieht und dass man auch farbenfroher ins Leben blicken kann. Dieser farbenfrohe Blick entsteht, wenn die Depressionen abnehmen.

Antriebsarmut, Freud- und Interessenlosigkeit als Hauptsymptome einer Depression verschwinden mit der Heilung. Die sonstigen Symptome von De-

---

[79] https://www.zentrum-der-gesundheit.de/ernaehrung-gegen-depressionen-ia.html

pressionen verschwinden ebenso mit der Heilung. Auch eine möglicherweise gegebene Selbstmordneigung verschwindet mit der Heilung.

Sinnvoll ist es also, eine Therapie durchzuführen, und zwar mit den mit dem Facharzt abgestimmten Therapiemethoden. Und so sehr es schmerzt, es ist sinnvoll während der Therapiedauer die Symptome auszuhalten. Selbstverständlich möchte man gerne sofort gesunden, aber wenn Sie sich ein Bein brechen, dann wollen Sie ja auch nicht gleich wieder Fußball spielen, sondern warten die Heilungsdauer ab. Sie tolerieren so lange die Symptome und Einschränkungen des Beinbruches, bis die Heilung abgeschlossen ist, weil es sonst nicht funktioniert. Es lohnt sich, auf die gleiche Art und Weise mit Depressionen umzugehen: Diagnose, Therapie, Heilungsdauer abwarten. Je nach individuellem Zustand, Lebensführung und -umständen sowie Schwere der Depressionen kann diese Heilungsdauer unterschiedlich lang ausfallen.

Insbesondere negative Gedanken sollten als Symptom der Depression aufgefasst werden, denn das sind diese negativen Gedanken: einfach nur ein Symptom – mit oftmals keinem oder nur minimalem Bezug zur Realität.

Wer heilt Depressionen?

Psychiater

Fachärzte für Psychiatrie behandeln psychische Störungen, zu denen die Depressionen zählen. Zu den Behandlungsmethoden gehören Medikamententherapie und Psychotherapie (seit 1964 haben alle Psychiater in Deutschland auch eine psychotherapeutische Ausbildung).[80]
Studien haben wiederholt gezeigt, dass eine Kombination von Medikamententherapie und Psychotherapie gute Heilungserfolge bei Depressionen bewirkt.[81] Daher empfehle ich neben dem Hausarzt den Psychiater als ersten Ansprechpartner in Sachen Depressionen. Vielfach übernehmen Psychiater bei Depressiven die Medikamententherapie und vermitteln – zumindest für eine intensivere Psychotherapie – den Patienten an einen reinen Psychotherapeuten.
Es gibt über 10.000 Psychiater in Deutschland.[82] Als Privatpatient können Sie sich direkt an einen Psychiater wenden. Als Kassenpatient bitten Sie Ihren Hausarzt um eine Überweisung.

---

[80] https://www.neurologen-und-psychiater-im-netz.org/psychiatrie-psychosomatik-psychotherapie/psychiatrie/
[81] https://www.neurologen-und-psychiater-im-netz.org/psychiatrie-psychosomatik-psychotherapie/news-archiv/meldungen/article/psychotherapie-und-medikamente-ergaenzen-sich/
[82] http://www.bundesaerztekammer.de/fileadmin/user_upload/downloads/pdf-Ordner/Statistik2015/Stat15AbbTab.pdf

Psychotherapeuten

Psychotherapeuten müssen sich in ihre Patienten einfühlen und gleichzeitig eine professionelle Distanz wahren können. Negative und die Depression begünstigende Denk- und Gefühlsmuster sollten aufgedeckt und durch hilfreichere Muster ersetzt werden. Die schwarze Brille des Depressiven sollte diesem bewusstgemacht werden und eine *sonnengelbe Brille* entwickelt werden.
Es gibt über 24.000 Psychotherapeuten in Deutschland.

Psychosomatische Kliniken

Es gibt eine Reihe von psychosomatischen Kliniken in Deutschland, die meist eine sehr gute Qualität aufweisen. Ein Aufenthalt in einer psychosomatischen Klinik ist für Depressive dann sinnvoll, wenn eine ambulante Therapie wenig Chancen auf Erfolg hat oder nicht wie gewünscht wirkt. Bei schweren Depressionen ist oftmals der Aufenthalt in einer psychosomatischen Klinik der schnellste und beste erste Schritt zur Heilung.

Die wesentlichen Vorteile eines Aufenthalts in einer psychosomatischen Klinik sind

- Auszeit vom bisherigen Umfeld
- Konzentration auf die Heilung
- vielfältige Therapiemöglichkeiten
- intensive Therapie
- Kontakt zu und Austausch mit anderen Depressiven

Nahezu alle Menschen leben in einem sozialen Umfeld, das ein System an zwischenmenschlichem Austausch bietet. Teilweise begünstigen dieses Umfeld und dieses System die Depressionen beim Depressiven. Ein Aufenthalt in einer psychosomatischen Klinik ermöglicht eine Auszeit von diesem sozialen Umfeld. Ebenso wird eine Auszeit von sonstigen Aufgaben ermöglicht. Dies reduziert die Belastungen des Depressiven und es ist eine vielfältigere und intensivere Therapie möglich.

Für viele Depressive bedeutet der Austausch mit anderen Depressiven eine erhebliche Erleichterung. Dieser Austausch bietet viele Erkenntnisse, beispielsweise: *Ich bin nicht allein*, *Depression ist eine normale Krankheit* und viele mehr. Diesen positiven Austausch bieten neben psychosomatischen Kliniken üblicherweise nur Selbsthilfegruppen.

Die medizinische Betreuung wird in psychosomatischen Kliniken durch Psychiater, Psychotherapeuten und das Pflegepersonal erbracht. Je nach Klinikangebot stehen auch Physiotherapeuten, Masseure, Meditationsleiter und einige mehr zur Verfügung.

Psychosomatische Kliniken bieten Patienten überwiegend ein angenehmes Umfeld mit guter Qualität bei den Zimmern und der Verpflegung. In aller Regel können die Patienten sich frei bewegen, innerhalb und außerhalb der Klinik. Lediglich nachts wird Anwesenheit auf den Zimmern erwartet, sofern man sich nicht abgemeldet hat.

Die meisten psychosomatischen Kliniken behandeln keine Patienten mit akuter Selbstmordgefährdung. Eine Behandlung von Depressiven mit akuter Selbstmordgefährdung wird normalerweise von psychiatrischen Kliniken vorgenommen.

Selbsthilfegruppen

Viele Depressive berichten, dass die Teilnahme an Selbsthilfegruppen sehr hilfreich für sie ist. Das Gruppengefühl und das Wissen, dass alle in irgendeiner Form an Depressionen leiden, beruhigt die Teilnehmer. Sich zu öffnen, von der eigenen

Erkrankung zu berichten, wird einfacher und dieses Öffnen erleichtert die Seele vieler Teilnehmer.

Darüber hinaus erleben die Teilnehmer, dass ihre Empfindungen und ihre Erkrankung von den anderen Teilnehmern in ähnlicher Weise erlebt werden und somit normal sind.

Eine für Depressive geeignete Selbsthilfegruppe in Ihrer Nähe kann Ihnen üblicherweise Ihr Arzt empfehlen oder Sie können eine entsprechende Selbsthilfegruppe im Internet finden.

Angehörige und Freunde

Angehörige und Freunde können an Depression Erkrankten zur Seite stehen. Am besten ist es, einfach da zu sein. Akzeptieren Sie die Depression. Der Depressive ist nicht unwillig, faul oder ein Schwarzseher, sondern krank. Loben Sie den Depressiven, auch für kleine Aktivitäten und Erfolge. Sie können auch antriebsarme Depressive dabei unterstützen, eine Therapie zu beginnen.

Gleichzeitig ist es wichtig, dass Angehörige und Freunde sich von der Erkrankung des Depressiven abgrenzen.

Die dauerhafte Anwesenheit und ständigen negativen Aussagen von Depressiven können bei Angehörigen und Freunden, insbesondere beim Partner, eine deutliche Verschlechterung der Stimmung bis hin zu eigenen depressiven Symptomen auslösen. Idealerweise sollten Angehörige und Freunde daher wie gewohnt Zeit ohne den Depressiven verbringen – mit Arbeit, Sport, Freunden oder sonstigen Aktivitäten.

Benötigt ein depressiv Erkrankter sehr intensive Betreuung, sollte in Abstimmung mit dem betreuenden Arzt ein Aufenthalt in einer psychosomatischen oder psychiatrischen Klinik in Erwägung gezogen werden. Dies ist insbesondere dann gegeben, wenn die Gedanken des Depressiven hauptsächlich um den eigenen Suizid kreisen.

Sonstiges

Wie gut und wie schnell helfen diese Maßnahmen?

Die zentrale und sehr gute Nachricht für Depressive lautet: Jeder Depressive kann mit den vorgestellten Maßnahmen seine Lebensqualität wesentlich verbessern.

Der Heilungs- und Genesungsverlauf von Depressiven weist eine erhebliche Bandbreite auf. Die Mehrzahl der an Depression Erkrankten erfährt vollständige Heilung ohne Rückfall. Viele Depressive genesen zwar vollständig, erleben jedoch einen oder mehrere Rückfälle.

Einige wenige Depressive weisen dauerhaft leichte oder mittlere Depressionssymptome auf. Diese Form der Depressionen heißt *Dysthymia*.

Die durchschnittliche Heilungsdauer einer depressiven Episode beträgt vier Monate.[83]

---

[83] http://www.bptk.de/patienten/psychische-krankheiten/depression.html

Wie helfe ich mir?

Machen Sie sich einen kleinen, gut zu bewältigenden Wochenplan, in den Sie folgende Inhalte aufnehmen.

	Schwere Depressionen	Mittlere Depressionen	Leichte Depressionen
Psychotherapie	dringend empfohlen	empfohlen	geeignet, individuell wählbar
Medikamenteneinnahme/ Antidepressiva	empfohlen	erwägenswert, mit Arzt besprechen	normalerweise nicht notwendig, mit Arzt besprechen
Klinikaufenthalt	erwägenswert, mit Arzt und nahestehenden Menschen besprechen	möglich, mit Arzt und nahestehenden Menschen besprechen	normalerweise nicht notwendig
Bewegung	Spaziergänge oder ähnlich leichte Bewegung empfohlen täglich ist ideal	Spaziergänge oder leichte Ausdauersportarten empfohlen. mindestens drei Mal wöchentlich	Spaziergänge, leichte oder mittlere Ausdauersportarten empfohlen. mindestens drei Mal wöchentlich
Licht	Sonnenlicht	Sonnenlicht	bei Winter-

	Schwere Depressionen	Mittlere Depressionen	Leichte Depressionen
	oder Tageslichtlampe zur Unterstützung geeignet

bei Winterdepression dringend empfohlen | oder Tageslichtlampe zur Unterstützung geeignet

bei Winterdepression dringend empfohlen | depression dringend empfohlen |
| Achtsamkeit | Tai Chi und Chi Gong geeignet | Yoga, Tai Chi und Chi Gong geeignet | Meditation, Yoga, Tai Chi und Chi Gong geeignet |
| Ernährung | > 1,5l Wasser täglich trinken sinnvoll

vorwiegend Obst, Gemüse, Fisch, Nüsse | > 1,5l Wasser täglich trinken sinnvoll

vorwiegend Obst, Gemüse, Fisch, Nüsse | > 1,5l Wasser täglich trinken sinnvoll

vorwiegend Obst, Gemüse, Fisch, Nüsse |

Wie lebt man mit bewältigten Depressionen?

Eine bewältigte Depression ist ein Grund zur Freude. Mit hoher Wahrscheinlichkeit tritt keine neue depressive Phase auf. Es gibt jedoch eine geringe Wahrscheinlichkeit, dass erneute depressive Phasen auftreten.

Bei bewältigten Depressionen empfiehlt sich daher einerseits – wie bei vielen anderen Krankheiten auch – eine Nachsorge sowie Vorbeugungsmaßnahmen gegen mögliche Rückfälle. Diese Nachsorge und Vorbeugung kann durch eine Erhaltungstherapie vorgenommen werden.

Andererseits empfiehlt es sich, die individuellen Belastungen des Lebens – sofern machbar – so zu gestalten, dass diese Belastungen die individuelle Resilienz nicht überfordern.

Sofern die individuellen Belastungen des Lebens nicht über die individuelle Widerstandskraft hinausgehen, werden üblicherweise keine erneuten depressiven Phasen auftreten.

Maßnahmen zur Nachsorge und Vorbeugung (Erhaltungstherapie)

Die Maßnahmen der Erhaltungstherapie sind auf der einen Seite weitgehend identisch mit den bereits aufgezeigten Therapiemaßnahmen. Hierzu zählen Bewegung und Sport, Licht, Achtsamkeit, eine gute Ernährung und Psychotherapie sowie in Einzelfällen die Einnahme von Antidepressiva. Alle diese vorbeugenden Maßnahmen dienen der Stärkung der Resilienz (Widerstandskraft gegen Depressionen). Je mehr Sie Ihre Resilienz stärken, umso besser ist Ihre Widerstandsfähigkeit gegen eine Depression.

Auf der anderen Seite empfiehlt es sich, die persönlichen Belastungen zu kennen und – sofern möglich – dafür zu sorgen, dass die individuelle Resilienz nicht überlastet wird. Die Wahrnehmung von Belastungen ist sehr individuell. Der eine freut sich auf einen Partybesuch, den anderen strengt ein Partybesuch an. Der eine blüht bei einem Rechtsstreit auf, der andere fühlt sich dadurch schwer belastet. Um Ihre persönlichen Belastungen gut einschätzen zu können, empfiehlt sich eine genaue Selbstbeobachtung. Die Psychotherapie hat sich hierbei als sehr hilfreich erwiesen.

Bei vielen Menschen sind die Belastungen beruflicher und sozialer Natur. Zu den tatsächlichen Belastungen kommt die individuelle Wahrnehmung und der individuelle Umgang mit den Belastungen hinzu.

Wenn Sie Ihre persönlichen Belastungsfaktoren gut kennen, empfiehlt es sich, Ihr Leben möglichst so einzurichten und zu führen, das Sie ganz persönlich und individuell so belastet sind, das Ihre Resilienz nicht überfordert wird.

Frühzeichen einer Depression

Ferner hat es sich bewährt, seine individuellen Frühzeichen für den möglichen Beginn einer erneuten depressiven Phase (Rezidiv) zu kennen. Diese Frühzeichen kann man durch Selbstbeobachtung herausfinden – besonders gut mit Hilfe eines Psychotherapeuten. Eine große Bandbreite von individuellen Frühzeichen ist möglich, beispielsweise vermehrte negative Gedanken, verändertes Schlafverhalten, schlechtere Laune, aufkeimende Motivationsschwierigkeiten und viele mehr.

Wenn man das Aufleben der Frühzeichen bemerkt, lohnt sich eine Ausweitung der vorbeugenden Maßnahmen, um eine erneute Depression zu vermeiden.

Idealerweise senkt man beim Auftreten von Frühzeichen seine individuelle Belastung ab und erhöht die Maßnahmen zur Stärkung der Resilienz.

Nachsorge und Vorsorge mit nahestehenden Menschen

Nahestehende Menschen haben oft eine gute Beobachtungsgabe und eine gute Einschätzung der ehemals depressiven Person. Daher empfiehlt es sich, in der Nach- und Vorsorge von Depressionen mit nahestehenden Personen zusammenzuarbeiten. Besonders geeignet sind Personen, die im gleichen Haushalt leben.
Hierzu bespricht man die Frühzeichen, die individuellen Belastungsfaktoren und Maßnahmen zur Stärkung der Resilienz sowie das damit verbundene persönliche Vorgehen. Dann bittet man die nahestehenden Personen, Frühzeichen, Belastung und Resilienz mit zu beobachten und darauf hinzuweisen, wenn eine ungünstige Entwicklung beobachtet wird.

Beziehung

Soziale Kontakte sind für viele Menschen eine Bereicherung beziehungsweise eine Säule des Daseins. Leider gibt es aber auch soziale Kontakte, die eine Belastung darstellen. Kollegen, die einen mobben, Partner, die einen zu ihrem Vorteil manipulieren, Menschen, die einen verklagen und andere belastende soziale Kontakte.

Durch eigene Beobachtungen und durch Unterstützung des Psychotherapeuten kann man Handlungsstrategien für diese Beziehungen entwickeln. Im Wesentlichen gibt es zwei Handlungsstrategien: man verändert sein eigenes Verhalten, um die Dynamik der Beziehung zu verändern, oder, sofern möglich und sinnvoll, man reduziert die Beziehung – bis hin zum vollständigen Abbruch bzw. auf ein erträgliches Maß.

Meine persönliche Erfahrung ist, das Psychotherapeuten in Zusammenhang mit der Gestaltung von Beziehungen sehr gute Hilfestellung geben können. Einige mich stark belastende Beziehungen habe ich beendet oder auf das absolute Minimum reduziert. Dies hat zu einer deutlichen Abnahme meiner Belastung geführt und mir sehr geholfen.

Beruf

In Deutschland geht jeder Zweite einem Beruf nach.[84] Über 70 Prozent der Erwachsenen sind berufstätig.[85] Im Schnitt werden für den Beruf 41,7

---

[84] https://www.destatis.de/DE/PresseService/Presse/Pressemitteilungen/2017/01/PD17_024_133.html
[85] http://www.bildungsspiegel.de/news/berufswelt-arbeitsmarkt-europa/762-sieben-von-zehn-erwachsenen-im-erwerbsfaehigen-alter-leben-von-ihrer-erwerbstaetigkeit

Stunden pro Woche aufgewendet.[86] Somit nimmt der Beruf ungefähr ein Drittel der wöchentlichen Wachstunden ein und hat in den meisten Leben eine entsprechende Bedeutung.

Wenn Sie von der Depression genesen sind und sich mit Ihrem Job wohl und nicht überlastet fühlen, spricht nichts dagegen, den Beruf wieder aufzunehmen und wie gewohnt weiterzuarbeiten.

Wenn Sie jedoch eine Überlastung im Job empfinden, stellt sich die Frage, ob der Umfang oder die Art der Arbeit die Belastung auslöst. Ist der Umfang der Überlastungsfaktor, kann eine Reduktion des Arbeitsumfanges durch Teilzeit, unbezahlten Urlaub oder ähnliches die entsprechende Entlastung bewirken. Ist die Art der Arbeit der Belastungsfaktor, lohnt es sich zu eruieren, wie man die Arbeitsinhalte im bestehenden Job verändern oder den Job wechseln kann.

Berufsunfähigkeit

Depressionen sind weltweit Ursache Nummer eins für Berufsunfähigkeit.

Berufsunfähigkeit bezieht sich immer auf den zuletzt bei Beginn der Erkrankung ausgeübten Beruf.

---

[86]https://www.destatis.de/DE/PresseService/Presse/Pressemitteilungen/2017/01/PD17_024_133.html

Die Unfähigkeit ist in den meisten Versicherungs-
policen als eine Einschränkung in der Fähigkeit zur
Ausübung des konkret zuletzt ausgeübten Berufes
um mehr als 50 Prozent definiert. Folglich ist beispielsweise ein Unternehmensberater mit einer 80-
Stunden-Woche berufsunfähig, wenn er seinen
Beruf weniger als 40 Stunden pro Woche ausüben
kann.

Arbeitsunfähig ist, wer nicht mehr arbeiten kann –
in gar keinem Beruf. Es ist also möglich, gleichzeitig arbeitsfähig und dennoch berufsunfähig zu sein.
Wenn Sie eine Berufsunfähigkeitsversicherung
abgeschlossen haben, depressiv erkrankt sind und
eine längere größere Leistungseinschränkung zu
erwarten ist, lohnt es sich zu überprüfen, ob die
Berufsunfähigkeitsversicherung zahlungspflichtig
sein könnte. Hierzu kontaktieren Sie am besten
einen der nachweislich erfolgreichen Berufsunfä-
higkeitsanwälte, die sich im Internet leicht finden
lassen.

Zusammenfassung

Depressionen sind eine weit verbreitete Erkran-kung der menschlichen Stimmungsregulation, die vom Gehirn gesteuert wird.

Depressive weisen meist eine veränderte Hirnakti-vität sowie eine reduzierte Botenstoffkonzentration zwischen den Hirnzellen auf.

Die Hauptsymptome von Depressionen sind anhal-tende Niedergeschlagenheit sowie anhaltender Antriebs- und Interessensverlust. Eine Vielzahl von weiteren Symptomen ist möglich.

Bei Depressionen wird zwischen leichten, mittleren und schweren Depressionen unterschieden.

Depressionen können jeden Menschen ereilen – unabhängig von Erfolg, Alter, Beruf oder sonstigen Lebensumständen.

Die Heilungschancen von Depressionen sind gut bis sehr gut.

Folgende Therapien haben sich als hilfreich bei Depressionen erwiesen: Psychotherapie, Sport, Yoga, Chi Gong, Tai Chi, Akupunktur, Meditation und Spaziergänge.

Medikamente, sogenannte Antidepressiva, sind bei Depressionen oftmals hochwirksam. Dies gilt insbesondere bei schweren Depressionen und Selbstmordneigung.

Wer mit Geduld und Konsequenz den dargestellten Weg der Heilung beschreitet, hat beste Chancen auf ein gutes Leben.

Danksagung

Einen herzlichen Dank an alle, die zu diesem Buch beigetragen haben.

Ich danke allen Mitpatienten, Psychiatern, Psycho- und Hypnotherapeuten, Meditations-, Yoga-, Tai-Chi- und Chi-Gong-Lehrern, Autoren, Krankengymnasten, spirituellen Heilern und Heilpraktikern, mit denen ich in Kontakt war. Von allen habe ich Wesentliches lernen können, das ich in dieses Buch habe einfließen lassen. Vielen Dank!

Namentlich möchte ich einer Reihe von Menschen in meinem Leben danken, insbesondere meiner Frau Janka Gass, die viel Geduld, Verständnis, Liebe und Abgrenzung aufbringen musste, um mit mir während der schweren depressiven Episoden klarzukommen.

Ebenfalls möchte ich meiner langjährigen Psychiaterin danken, Frau Dr. Kristina Bain-Bold, die mir mit ihrer sachlichen, empathischen Art und ihrem hohen medizinischen Sachverstand immer sehr gut weitergeholfen hat.

Ich danke meinem Psychotherapeuten Herrn Dr. Lars Auszra, der ein Herz und einen Verstand vom Allerfeinsten hat.

Dem gesamten Team der Akutklinik Urbachtal in Bad Waldsee danke ich für die empathische und fachlich hochwertige Betreuung während meiner drei stationären Aufenthalte.

Weiterer Dank gilt meinem Geschäftspartner Daniel Wild, der von meinen durch die Depression eingeschränkten Handlungsmöglichkeiten hart getroffen wurde und sich vorbildlich verhalten hat.

Der *Ecommerce Alliance AG* und der *Tiburon Unternehmensaufbau GmbH* – den beiden Unternehmen, die ich vor vielen Jahren mitgegründet habe – danke ich sehr herzlich für die Möglichkeit, in einer veränderten und leider substanziell reduzierten Rolle weiterhin mitwirken zu dürfen.

Meinen Berufsunfähigkeitsversicherungen danke ich für ihren finanziellen Beitrag zu meiner Belastungsreduktion.

Den initialen Feedback-Lesern dieses Buches, Dr. Nikola Deskovic, Hanne Diertl-Deskovic, Janka Gass, Michael Kowalzik, Dr. Jan Schwenke, Dr. Klas Schwenke, Ingrid Schwenke, Holger Westenbaum und Moritz von Wilmowsky, danke ich für die vielen wertvollen Anregungen.

Und zu guter Letzt danke ich meinen wunderbaren Kindern und meiner wunderbaren Frau dafür, dass sie sind.

Glossar / Begriffsverzeichnis

Bipolare Depressionen
Depressionen, bei denen depressive Stimmungen mit manischen, d. h. euphorisch aufgedrehten Stimmungen abwechseln.

Botenstoffe
Chemische Stoffe, die der Signalübertragung dienen, auch *Neurotransmitter* genannt.

Botenstoffkonzentration
Menge der Botenstoffe. Bei Depressionen ist die Menge der Botenstoffe in den Zwischenräumen der Nervenzellen im Gehirn reduziert.

Chronische Depression
Hierbei treten leichte bis mittlere depressive Symptome über einen lang anhaltenden Zeitraum auf (auch *Dysthymia* genannt).

Dysthymia
siehe chronische Depressionen

Exzitation
Erregung, Aufregung

Lithium
Ein medizinischer Wirkstoff, der sich seit 1949 als hochwirksam in der Vermeidung von Selbstmorden

erwiesen hat[87] (Kurzform für *Lithiumsalz* oder *Lithiumcarbonat*)

Manische Depressionen
siehe bipolare Depressionen

Neurotransmitter
siehe Botenstoffe

Nocebo Effekt
Eintritt einer unerwünschten Medikamentennebenwirkung, wenn ein wirkstofffreies Medikament verabreicht wird. Die Wirkung entsteht aufgrund der Erwartungshaltung des Patienten.

Placebo Effekt
Eintritt einer gewünschten Medikamentenwirkung, wenn ein wirkstofffreies Medikament verabreicht wird. Die Wirkung entsteht aufgrund der Erwartungshaltung des Patienten.

Postnatale Depression
Depression, die als Folge einer Geburt in den ersten zwei Jahren nach Geburt bei Müttern und teilweise auch Vätern auftreten kann.

Resilienz
Psychische Widerstandskraft, hier im Sinne der Widerstandskraft gegen Depressionen. Je höher

---

[87] http://www.medizin.de/ratgeber/lithium-verringert-suizide-bei-depressionen.html

die Resilienz, umso besser ist man gegen Depressionen gewappnet. Das Gegenstück zur Resilienz ist die Vulnerabilität (Verletzlichkeit).

Rezidiv
Rückfall

Rezidivierende Depressionen
wiederkehrende Depressionen

Selbstmordneigung
Die Neigung, Selbstmord zu erwägen oder zu begehen; meist begleitet von intensivem Gedankenkreisen um das Thema *Selbstmord* (auch *Suizidalität* genannt).

Suizid
Selbstmord

Suizidalität
siehe Selbstmordneigung

Synaptischer Spalt
Synaptischer Spalt ist die Bezeichnung für den schmalen Zwischenraum zwischen der präsynaptischen Membranregion (Präsynapse) einer Nervenzelle und der postsynaptischen (oder subsynaptischen) Membranregion (Postsynapse) einer nachgeschalteten Zelle. Für die Erregungsübertragung wird bei chemischen Synapsen der synaptische

Spalt durch Ausstoß und Andocken von Botenstoffen (Neurotransmittern) überbrückt.

Synapse
Die Synapse ist in den Nervenzellen für die Übertragung von Reizen zuständig.

Unipolare Depression
Depression, bei der die Stimmungslage ausschließlich im negativen Bereich ist.

Vulnerabiltät
Psychische Verletzlichkeit, hier im Sine von Verletzlichkeit gegenüber Depressionen verwendet. Je höher die Vulnerabilität, umso höher die Wahrscheinlichkeit an Depressionen zu erkranken. Das Gegenstück zur Vulnerabilität ist die Resilienz (Widerstandskraft).

Zeitfracht Medien GmbH
Ferdinand-Jühlke-Straße 7
99095 Erfurt, Deutschland
produktsicherheit@kolibri360.de